甘肃安全谷应急管理咨询有限公司组织编写

GONGLU JIAOTONG TUFA SHIJIAN

YINGJI YANLIAN SHIWU

公路交通突发事件
应急演练实务

主　编◎蒋金元

副主编◎袁　鹏　刘晓军

人民交通出版社股份有限公司

北　京

内 容 提 要

本书讲述了应急演练的基本概念、目标、内容、分类,公路交通突发事件的分类分级、应急演练预案及其作用,公路交通突发事件应急演练活动策划,公路交通突发事件应急演练活动实施以及公路交通突发事件应急演练实例。

本书可为交通运输、公路事业发展等地方相关职能部门和企事业单位科学开展公路交通突发事件应急演练提供参考和帮助。

图书在版编目(CIP)数据

公路交通突发事件应急演练实务/蒋金元主编. —北京:人民交通出版社股份有限公司,2023.1

ISBN 978-7-114-18380-5

Ⅰ.①公… Ⅱ.①蒋… Ⅲ.①公路运输—突发事件—应急对策—研究—甘肃 Ⅳ.①U491.31

中国版本图书馆 CIP 数据核字(2022)第 244642 号

Gonglu Jiaotong Tufa Shijian Yingji Yanlian Shiwu

书　　名:**公路交通突发事件应急演练实务**
著 作 者:蒋金元
责任编辑:杨丽改
责任校对:孙国靖　宋佳时
责任印制:张　凯
出版发行:人民交通出版社股份有限公司
地　　址:(100011)北京市朝阳区安定门外外馆斜街 3 号
网　　址:http://www.ccpcl.com.cn
销售电话:(010)59757973
总 经 销:人民交通出版社股份有限公司发行部
经　　销:各地新华书店
印　　刷:北京虎彩文化传播有限公司
开　　本:787 × 1092　1/16
印　　张:11
字　　数:246 千
版　　次:2023 年 1 月　第 1 版
印　　次:2023 年 1 月　第 1 次印刷
书　　号:ISBN 978-7-114-18380-5
定　　价:80.00 元

前 言

突发事件是指突然发生造成或者可能造成严重社会危害，需要采取应急处置措施予以应对的自然灾害、事故灾难、公共卫生事件和社会安全事件。突发事件具有突发性和不确定性，其破坏或可能破坏性强、影响或可能影响面广。突发事件应急处置需要多个责任部门及人员共同参与，指挥协调及应急处置十分复杂。科学、严谨、高效地开展突发事件应急演练活动，对提高相关人员应对突发事件的能力水平，有效应对突发事件，具有重要意义。

自2008年以来，我国经历了“5·12”汶川地震、“4·14”玉树地震、“8·7”甘肃舟曲特大泥石流、南方地区洪涝灾害、冰冻雨雪灾害等重、特大自然灾害和新冠肺炎疫情等突发公共卫生事件，这些突发事件的发生对人民群众生命安全和身体健康造成了严重危害，也对各级交通运输部门突发事件应急能力提出了更高的要求。应急演练作为检验各个部门应对各类突发事件预案、人员、物资、装备的准备情况和提高应急队伍实战能力的重要手段，也发挥了越来越重要的作用。

本书全面论述了应急演练的目的、目标、原则、内容、分类和规划等基础内容，细致阐述了演练前的准备、演练活动的设计和演练的具体实施，同时依据甘肃省交通运输厅及厅属各相关单位每年开展的各类公路交通突发事件应急演练活动，梳理编写了公路交通突发事件应急演练的实例方案、脚本等供读者参考。

本书是作者多年研究和实践工作的经验积累，也是工作团队共同智慧的结晶。本书第一章、第三章、第四章由蒋金元编写，第二章由袁鹏编写，第五章由蒋金元、刘晓军编写，刘璞、陆建忠、马万斌也参与了图书的编校工作。本书中部分理论、方法和典型案例借鉴了相关科学领域和单位的已有研究和应用成果，正是这些实际工作不断推动了公路交通突发事件应急演练工作的创新和发展，希望通过本书能与关注公路交通突发事件应急演练的专业人员和从业人员进行交流和探索。

由于笔者学识水平有限，书中不妥之处难免，敬请读者批评指正。

作 者

2022年8月

目　录

第一章　应急演练概述

应急演练是应急预案管理工作的重要内容,通常依据突发事件应急预案开展。应急预案虽然明确了各类突发事件处置工作中,各级政府、各职能部门、社会组织的职责分工和工作范围,规划了突发事件应急处置的流程和步骤,明确了应急响应启动的标准、应急处置措施和技术方法、危机解除的标准、恢复措施等,但是其科学性和可操作性需要通过应急演练进行检验和评估。

第一节　应急演练的定义

应急演练也称应急预案演练,是指各级人民政府及其部门、企事业单位、社会团体等(以下统称演练组织单位)组织相关单位及人员,依据有关应急预案,将应急人员置身于模拟的突发事件场景之中,要求其依据各自职责,按照真实事件发生时应履行的职能和采取的行动,模拟应对突发事件的一种实践性活动。

第二节　应急演练的目的

应急演练用以评价相关机构履行应急预案或实施方案所赋予的一项或多项应急职能的能力,其作用旨在通过检验和优化应急预案、实施方案、操作规程,培训应急人员和队伍,推动突发事件应对准备工作,进而完善和提升整个应急管理系统。因此,演练目的可总体概括为以下 5 大方面。

(1)检验预案。通过开展应急演练,查找应急预案中存在的问题,进而完善应急预案,提高应急预案的实用性和可操作性。

(2)完善准备。通过开展应急演练,检查应对突发事件所需应急队伍、物资、装备、技术等方面的准备情况,发现不足及时予以调整补充,做好应急准备工作。

(3)磨合机制。通过开展应急演练,进一步明确相关单位和人员的职责任务,理顺工作关系,完善应急机制。

(4)科普宣教。通过开展应急演练,普及应急知识,提高公众风险防范意识和自救互救等灾害应对能力。

(5)锻炼队伍。通过开展应急演练,增强演练组织单位、参与单位和人员等对应急预案的熟悉程度,提高其应急处置能力。

需注意的是,这些演练目的不仅仅通过演练实施过程来实现,更有赖于演练后的评估以及依据评估建议所采取改进措施的落实。只有真正促进了应急人员能力的提高和应急方案的完善,演练才算是完全发挥了作用。

第三节　应急演练的目标

应急演练目标是需完成的主要演练任务及其达到的效果,一般说明“由谁在什么条件下完成什么任务,依据什么标准,取得什么效果”。演练目标应简单、具体、可量化、可实现。一次演练一般有若干项演练目标,每项演练目标都要在演练方案中有相应的事件和演练活动予以实现,并在演练评估中有相应的评估指标判断该目标的实现情况。

应急演练力求在突发事件真正发生之前,找到并解决现有应急预案、实施方案和操作规程等应急相关方案和应急人员培训,甚至是整个应急管理系统中存在的问题。因此,基于演练目的,演练的目标可包括如下内容。

(1)明确突发事件应对相关机构和组织的角色和职责。

(2)加强突发事件应对相关机构和组织间的协调和沟通。

(3)检验和评价现有的应急预案、实施方案和操作规程。

(4)揭示现有应急预案、实施方案和操作规程实施中存在的不足。

(5)提高应急人员个体的能力和水平。

(6)培训相应职能和角色的应急人员。

(7)确定应急工作所缺乏的资源。

(8)增强演练规划的认可度和支持度。

第四节　应急演练的原则

(1)结合实际、合理定位。紧密结合应急管理工作实际,明确演练目的,根据资源条件确定演练方式和规模。

(2)着眼实战、讲求实效。以提高应急指挥人员的指挥协调能力、应急队伍的实战能力为着眼点。重视对演练效果及组织工作的评估、考核,总结推广好经验,及时整改存在问题。

(3)精心组织、确保安全。围绕演练目的,精心策划演练内容,科学设计演练方案,周密组织演练活动,制定并严格遵守有关安全措施,确保演练参与人员及演练装备设施的安全。

(4)统筹规划、厉行节约。统筹规划应急演练活动,适当开展跨地区、跨部门、跨行业的综合性演练,充分利用现有资源,努力提高应急演练效益。

第五节　应急演练的内容

应急演练主要用于评价机构或组织履行应急方案所赋予的一项或多项职能的能力,因此,应急演练应专注于该机构或组织所肩负的应急相关职能,即在突发事件应急响应及恢复阶段应采取的行动。各级各类单位、机构和组织的性质及功能不尽相同,担负的具体应急职责也各有不同。因此,各类应急演练规划的重点应根据职责需求,着眼于测试履行具体职能

的能力，不应过于关注模拟突发事件的类型。

第六节　应急演练的分类

应急演练作为一种旨在促进应急准备工作和提升应急能力的实践性活动，在世界各国及各行业领域广泛开展，有较多的分类方式。2009 年，国务院应急管理办公室印发了《突发事件应急演练指南》，对应急演练进行了分类。

1. 按内容分类

应急演练按内容可分为单项演练和综合演练。

（1）单项演练。单项演练是指只涉及应急预案中特定应急响应功能或现场处置方案中一系列应急响应功能的演练活动。注重针对一个或少数几个参与单位（岗位）的特定环节和功能进行检验。

（2）综合演练。综合演练是指涉及应急预案中多项或全部应急响应功能的演练活动。注重对多个环节和功能进行检验，特别是对不同单位之间应急机制和联合应对能力的检验。

2. 按组织形式分类

应急演练按演练形式可分为桌面演练和实战演练。

（1）桌面演练。桌面演练是指参演人员利用地图、沙盘、流程图、计算机模拟、视频会议等辅助手段，针对事先假定的演练情景，讨论和推演应急决策及现场处置的过程，从而促进相关人员掌握应急预案中所规定的职责和程序，提高指挥决策和协同配合能力。桌面演练通常在室内完成。

（2）实战演练。实战演练是指参演人员利用应急处置涉及的设备和物资，针对事先设置的突发事件情景及其后续的发展情景，通过实际决策、行动和操作，完成真实应急响应的过程，从而检验和提高相关人员的临场组织指挥、队伍调动、应急处置技能和后勤保障等应急能力。实战演练通常要在特定场所完成。

3. 按目的与作用分类

应急演练按目的与作用可分为检验性演练、示范性演练和研究性演练。

（1）检验性演练。检验性演练是指为检验应急预案的可行性、应急准备的充分性、应急机制的协调性及相关人员的应急处置能力而组织的演练。

（2）示范性演练。示范性演练是指为向观摩人员展示应急能力或提供示范教学，严格按照应急预案规定开展的表演性演练。

（3）研究性演练。研究性演练是指为研究和解决突发事件应急处置的重点、难点问题，试验新方案、新技术、新装备而组织的演练。

不同类型的演练相互组合，可以形成单项桌面演练、综合桌面演练、单项实战演练、综合实战演练、示范性单项演练、示范性综合演练等。

总体来说，不同类型演练的复杂程度由简到繁，演练的职能从局限到广泛，实施成本从低到高，从理论假设到模拟实际发生，每种演练都应建立在前一种演练的基础之上，直至开展全方位演练时,在突发事件场景模拟和应急处置行动这两方面都最大限度接近实际情况。实践中,也可根据实际情况,选择某一类型或综合多个类型开展演练活动。

第七节 应急演练人员

应急演练人员即参加演练的所有人员,主要包括控制人员、参演人员、模拟人员、评估人员、安全与后勤保障人员等,各类人员在演练中的总体分工职责如下。

(1)控制人员。根据演练相关方案和现场情况,发布控制消息和指令,引导和控制应急演练进程的人员。

(2)参演人员。指那些置身于模拟场景之中,依据各自职责,按照真实事件发生时应履行的职能而采取应对行动的人员,是实施演练活动的主体,也是接受练习任务、练习相应应急职能和角色的人。

(3)模拟人员。指演练过程中扮演、代替某些应急响应机构和服务部门,或模拟事件受害者的人员。

(4)评估人员。负责观察和记录演练进展情况,对演练进行评估,并在演练后追踪改进工作落实情况的人员。

(5)安全与后勤保障人员。为保障演练顺利实施,根据控制人员发布指令和演练进度安排,提供安全、物资、设备装备、网络、财务等支持与服务的人员。

在真实突发事件的应对处置过程中,参与应急工作的所有人员都可以参加演练,包括行政管理部门和下属各级各类技术部门的应急管理人员和专业技术人员。这些应急相关人员具体可分为管理和决策人员、辅助决策人员、协调人员、实施人员等不同层级。其中,管理和决策人员负责整个突发事件应对的管理并作出重大决策,辅助决策人员负责做出具体开展和实施应对工作的相关决定,协调人员主要负责协调相关专业力量实施应对工作,实施人员则负责具体应对工作的实施。除上述4个层级的应急人员外,还包括现场应急工作人员。

第八节 应急演练规划

应急演练应具有规划性,即注重计划性和连续性,避免为了完成任务而无序地开展彼此间缺乏联系的演练活动,浪费资源。演练组织单位要根据实际情况,并依据相关法律法规和应急预案的规定,制订年度应急演练规划,按照“先单项后综合、先桌面后实战、循序渐进”等原则,合理规划应急演练的频次、规模、形式、时间、地点等。在开始具体演练活动之前,需制订演练规划,规划需经细致设计和充分论证,具有一定的长期性和系统性,包含多种演练类型和多次演练活动,能用来满足特定需求和达到明确演练目的。

第二章　公路交通突发事件

第一节　公路交通突发事件定义

《中华人民共和国突发事件应对法》(以下简称《突发事件应对法》)将突发事件定义为"突然发生,造成或者可能造成严重社会危害,需要采取应急处置措施予以应对的自然灾害、事故灾难、公共卫生事件和社会安全事件"。交通运输部印发的《公路交通突发事件应急预案》(交公路发〔2009〕226号),将公路交通突发事件定义为"由自然灾害、公路交通运输生产事故、公共卫生事件和社会安全事件引发的造成或者可能造成公路以及重要客运枢纽出现中断、阻塞、重大人员伤亡、大量人员需要疏散、重大财产损失、生态环境破坏和严重社会危害,以及由于社会经济异常波动造成重要物资、旅客运输紧张需要交通运输部门提供应急运输保障的紧急事件"。

第二节　公路交通突发事件分类

合理划分公路交通突发事件类别,有助于参与应急行动的部门迅速掌握灾情、科学配备救援人员与设备。当前,我国公路交通突发事件分类与参与应急部门的职能定位相脱离,难以兼顾参与部门救援需求。例如,针对交通事故应急救援,公安交管部门重视事故责任认定,倾向于将交通事故划分为坠车、碰撞等类型,以指导本部门的应急处置工作;但对于公路管理部门来说,在交通事故中首要关注的是道路封闭范围与持续时间。基于应急救援需求对突发事件进行分类,一定程度上可弥补各部门救援的需求。

一、突发事件一般分类标准

突发事件一般分类方法,同样适用于公路交通突发事件分类。按照不同的分类标准,公路交通突发事件可分为以下类型。

(1)按事件性质划分。可分为自然灾害、交通事故(人员伤亡、财产损失、环境危害事故)、交通事件(人为、车辆、道路及设施缘故导致意外事件)。

(2)按事件成因划分。可分为自然突发事件、人为突发事件和技术性突发事件。

(3)按影响范围划分。可分为全局性突发事件、区域性突发事件和事发点突发事件。

(4)按表现形式划分。可分为自然灾害、环境灾害和人为灾害。

(5)按事件危害划分。可分为自然灾害、事故灾害、公共卫生事件、社会安全事件以及其他突发事件。

公路交通突发事件分类，可从不同角度为开展应急救援行动或应急保障工作提供指导。例如，突发事件按照事件成因分类，很容易了解突发事件的诱因，有利于预测和预防该类事件的发生；按照事件的影响范围分类，有利于政府和参与应急联动部门及时掌握事件影响的范围大小。

二、公路交通突发事件分类标准

1. 交通事故类事件

公路交通事故指的是由于驾驶员误操作、车辆技术性能故障或突发意外而造成的人员伤亡、车辆损毁、财产损失事故。按照我国相关法律的规定，公路交通事故必须是发生在公路上的、由车辆造成的，并且引发了损害后果的事件。公路交通事故给公路行车安全带来极不利的影响，公安交管部门必须及时赶赴事发现场履行救援、勘查、取证的职责，通常公安交管部门也是最先到达事故现场的部门，在公路交通事故应急处置中担负着主要职责，是交通事故应急救援的主要参与部门。此外，公路交通事故还涉及路政、消防救援、卫生健康、应急管理等部门或机构。常见的公路交通事故形态包括碰撞事故和坠车事故。

(1)碰撞事故。公路碰撞事故主要包括车辆与车辆之间、车辆与行人之间，以及车辆与其他固定物之间的碰撞。其中，高速公路为专供汽车分方向、分车道行驶、完全控制出入的多车道公路，其碰撞类型可划分为两类。

第一类是尾随相撞。尾随相撞是指同车道行驶的车辆尾随行驶，后车车头与前车车尾相撞的行为，主要由于跟车间距小于最小安全间距和驾驶员反应迟缓或车辆制动系统性能不良所致。相较于城市道路，公路车辆运行速度较高，一旦发生追尾事故往往会产生连锁反应，引发多车连撞。

第二类是撞固定物。撞固定物是指公路上行驶的车辆发生撞击静止车辆或隔离带等交通设施的事故，往往伴随着翻车、失火等事故形态。

(2)坠车事故。坠车事故是指车辆冲出路面跌落到与路面有一定高度差的路外，如坠入桥下、坠入山涧和坠入河道等。坠车事故多发生在道路线形不良或路侧安全空间不足的路段，应急救援行动受地形条件限制较大。

2. 不良天气类事件

雨、雪、雾、沙尘暴等天气条件会影响驾驶员能见度和路面抗滑性能，改变行驶中汽车的受力状态，造成驾驶员心理紧张，导致车辆发生交通事故风险显著提高。大雾天气严重影响驾驶员能见度，驾驶员有效视距受限，极易发生连环追尾事故。从应急救援角度来看，不良天气条件下发生交通事故时，救援现场二次事故发生的风险高，救援行动本身的行车安全风险也比较高。

3. 危化品事故

危化品事故指的是具有易燃易爆、腐蚀、放射性等特性的危险化学物品，在运输过程中因意外或车辆事故等原因发生泄漏、燃烧、爆炸、扩散，导致人员伤亡、车辆损毁、危及他人生

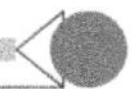

命健康、污染环境等恶劣后果的事件。危化品种类繁多,应急处置需要专业知识,专业性极强,主要由消防救援或特种物品处理机构实施应急处置。根据危化品的易燃、易爆、有毒、腐蚀等危险特性,公路危化品事故可划分为以下几种类型。

(1)危化品火灾事故。危化品火灾事故是易燃液体、易燃固体、自燃物品、遇湿易燃物品和其他危化品发生因意外或事故导致的火灾事故。由于大多数危化品在燃烧时会放出有毒气体或烟雾,因此,危化品火灾事故中,人员常常因中毒和窒息导致重大伤亡。易燃液体火灾往往会发展为爆炸事故,造成重大的人员伤亡。

(2)危化品爆炸事故。危化品爆炸事故是指危化品发生化学反应的爆炸事故或液化气体和压缩气体的物理爆炸事故。危化品爆炸包括爆炸品的爆炸(又可分为烟花爆竹爆炸、民用爆炸器材爆炸、军工爆炸品爆炸等);易燃固体、自燃物品、遇湿易燃物品的火灾爆炸;易燃液体的火灾爆炸;易燃气体爆炸;危化品产生的粉尘、气体、挥发物的爆炸;液化气体和压缩气体的物理爆炸;其他化学反应爆炸。

(3)危化品中毒和窒息事故。危化品中毒和窒息事故主要指人体食入、吸入或接触有毒有害化学品或者化学品反应的产物,而导致的中毒和窒息事故,包括吸入中毒事故(中毒途径为呼吸道)、接触中毒事故(中毒途径为皮肤、眼睛等)、误食中毒事故(中毒途径为消化道)、其他中毒和窒息事故。

(4)危化品灼伤事故。危化品灼伤事故主要指腐蚀性危化品意外地与人体接触,在短时间内即在人体被接触表面发生化学反应,造成明显破坏的事故。腐蚀品包括酸性腐蚀品、碱性腐蚀品和其他不显酸碱性的腐蚀品。

(5)危化品泄漏事故。危化品泄漏事故主要指气体、液体或放射性危化品发生了一定规模的泄漏,虽然没有发展成为火灾、爆炸或中毒事故,但造成了严重的财产损失、环境污染或人身健康损害等后果的危化品事故。危化品泄漏事故一旦失控,往往造成重大火灾、爆炸或中毒事故。

(6)其他事故。主要指的是危化品引发的事故,即危化品运输车发生了人们不希望的意外事件,如危化品罐体倾倒、车辆倾覆等,但没有发生火灾、爆炸、中毒和窒息、灼伤,泄漏等事故。

4. 地震、滑坡、泥石流、坍塌等地质灾害类事故

公路上一旦发生地震、滑坡、泥石流、崩塌等地质灾害,无论是否造成人员伤亡,都会影响道路行车安全,还可能引起道路中断。公安交管部门疏导滞留车辆驶离公路、维持交通安全秩序,道路清理或修复由道路清障和道路养护单位或部门负责。但是当地质灾害事故导致公路交通中断,或使公路行车安全环境受到极大威胁时,应由政府统一组织开展应急处置工作。

(1)地震。地震强度达到一定程度时会因地质构造破坏导致路基失稳,造成路基路面破坏,影响行车安全,严重时桥梁会发生失稳破坏、路面破损,造成公路中断。

(2)滑坡。滑坡指的是斜坡体在雨水冲刷浸泡、地质运动或人工切坡等作用下,沿着软

弱面或软弱带发生顺坡移动的地质灾害。公路上的滑坡地质灾害大致可分为两类。

①路基边坡滑坡。路基边坡滑坡指的是路基两侧保护路基稳定性的边坡发生了滑坡灾害,边坡失稳,严重时会导致路基失稳、路面损坏。这种类型的滑坡灾害在公路上不多见,一旦发生,恢复重建需要较长周期。

②路堑边坡滑坡。路堑边坡滑坡指的是从原地面向下开挖形成的高出路面的边坡发生了滑坡灾害,这种类型的滑坡灾害较为常见,多发生在雨水冲刷后,路堑边坡失稳、坡体滑动,滑移面或滑动坡体较大时,常常会掩埋部分路面,造成部分车道无法通行或部分路段中断,严重时可能导致人员伤亡和车辆受损受困。若为岩质边坡,滑坡时危害性更大,岩体滑坡对人和车伤害程度高,且容易破坏路面、影响道路通行。

(3)泥石流。泥石流是山体滑坡时携带了大量泥沙和石块的特殊洪流,它的面积、体积都比较大,暴发时来势凶猛、速度极快,因而破坏性比较大,除了阻断交通外,严重时可能导致路基整体失稳破坏。

(4)水毁。水毁是指因暴雨、洪水造成路基、路面、桥涵及其他交通设施的损毁。这类灾害在多雨及地质条件不良地区较为多见。

5. 社会安全事件

社会安全事件主要包括恐怖袭击、重大刑事案件、集会游行等群体性事件等。恐怖袭击事件是指恐怖组织或个人通过使用极端暴力手段(如绑架劫持人质、自杀式人体炸弹、有毒生物化学制剂、汽车爆炸、投放危险品)等,造成公路设施瘫痪、交通中断、人员伤亡等后果的事件。重大刑事案件和集会游行涉及经过、占用公路时影响道路通行与安全。社会安全事件不仅威胁公路行车安全与畅通,还易引发媒体、公众关注,影响社会稳定。

第三节　公路交通突发事件分级

公路交通突发事件的等级决定了应急联动机制的运行流程,若有事件报警信息判定的事件等级与事件后果不对应,则应急联动部门投入的应急资源与事件救援需求会形成错位,应急联动机制运行过程中,势必重新配置与调度应急资源,延误黄金救援时机。因此,划分公路交通突发事件分级十分必要。

一、等级划分依据

依据《中华人民共和国突发事件应对法》,突发事件按照社会危害程度、影响范围等因素,划分为特别重大、重大、较大和一般四个等级。交通运输部发布的《公路交通突发事件应急预案》中依据事件性质、严重程度、可控性和影响范围等因素,将各类公路交通突发事件也划分为四个等级,并明确了四个等级对应的应急管理机构分别为国家级(交通运输部)、省级(省级交通运输主管部门)、市级(市级交通运输主管部门)和县级(县级交通运输主管部门)。因此,公路交通突发事件依据国家相关法律和行业管理规定,同样划分为特别重大、重大、较大和一般四个等级。

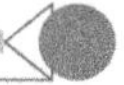

从应急救援角度来看，突发事件严重程度越高、影响范围越广，需要调动的救援资源规模越大，参与应急救援联动的部门越多、层级越高，应急救援管理部门等级相应就越高。本书中公路交通突发事件等级划分，将突发事件灾害性后果的严重程度和影响范围作为划分依据。其中，突发事件灾害性后果的严重程度可采用死伤人数、经济损失、需要转移安置的人数、对社会稳定性的影响程度等指标表示。突发事件灾害性后果的影响范围，包括时间和空间两个要素。其中，时间要素指突发事件预计造成公路中断、行车安全性受到影响的时间长度；空间要素指的是突发事件波及的行政区域范围，包括县域、跨市域和跨省域3个层次。

二、等级划分标准

参考《突发事件应对法》《生产安全事故报告和调查处理条例》、国务院办公厅发布的《特别重大、重大突发公共事件分级标准（试行）》以及交通运输部发布的《公路交通突发事件应急案》，依据突发事件的灾害性后果的严重程度和影响范围，将公路交通突发事件分为特别重大、重大、较大和一般四个等级（表2-1）。

公路交通突发事件等级划分标准　　表2-1

等　级	类　型	突发事件
特别重大事件	交通事故	一次造成30人以上（含30人）死亡，或重伤100人以上（含100人），或造成公路中断48h内无法恢复通车，或造成经济损失1亿元以上，或造成极其巨大经济损失和严重的社会影响
	不良天气	特大暴雨、沙尘暴等极端天气，公路连续封闭24h（含24h）以上，或主干道路滞留车辆排队30km以上（含30km），或道路交通拥堵范围覆盖相邻三个省（自治区、直辖市）以上；或一定区域范围内出现暴雪（24h降水量达到或超过10mm，积雪深10cm以上，能见度小于100m）天气，或5万km^2区域内路网路面出现覆冰，或出现水平能见度距离不足50m的强浓雾霾，并可能造成特大人员伤亡和巨大经济损失的气象灾害
	危化品事故	发生30人以上（含30人）死亡，或100人以上（含100人）中毒（重伤），或因环境事件需疏散、转移群众10万人以上（含10万人），或直接经济损失1亿元以上，或区域生态功能严重丧失，或濒危物种生存环境遭到严重污染，或因环境污染使当地正常的经济、社会秩序受到严重影响，事故势态发展严重或社会影响特别重大，且亟待外部力量救援
	地质灾害	发生7.0级以上地震；地质灾害造成桥梁、隧道、路基垮塌等道路破坏，导致交通中断，预计经抢修48h无法恢复通车的地质灾害
	社会安全事件	造成30人以上（含30人）死亡，或100人以上（含100人）受伤，或一次参与人数5000人以上，阻断公路8h以上，或参与人数500人以上、造成重大人员伤亡的群体性械斗冲突，或跨省（自治区、直辖市）、跨行业的严重影响社会稳定的连锁反应事件；一次造成10人以上（含10人）死亡的杀人、爆炸、纵火、毒气、投放危险物质和邮寄危险物品等案件，或在公路上造成6人及以上死亡的案件，或抢劫金融机构或运钞车，或盗窃金融机构现金100万元以上的，或采取绑架、劫持人质等手段，造成恶劣社会影响或可能造成严重后果的案件；劫持或攻击客货运输工具，或使用化学毒剂等攻击运输生化毒剂车辆，造成严重危害后果的

续上表

等　级	类　型	突发事件
重大事件	交通事故	一次造成死亡10～29人,或重伤50～99人,公路中断24h无法恢复通车,或造成经济损失5000万元以上
	不良天气	大暴雨、大雪、雾霾、沙尘暴等极端天气导致公路将连续封闭12～24h(含12h),或主干道路滞留车辆排队20～30km(含20km),或道路交通拥堵范围覆盖相邻两个省(自治区、直辖市)以上;或一定区域范围内出现大雪不良天气(24h降水量5.0～9.9mm,积雪深5.0～9.9cm,能见度大于100m小于500m)天气,或3万km^2区域内路网路面覆盖冰雪,或出现水平能见度距离50～200m之间的浓雾霾,会造成特大人员伤亡和巨大经济损失的气象灾害
	危化品事故	发生10～29人(含10人)死亡,或50～99人中毒,或直接经济损失5000万～10000万元,或区域生态功能部分丧失或濒危物种生境受到污染,或因环境污染使当地经济、社会活动受到较大影响
	地质灾害	发生5.0级以上7.0级以下地震;造成公路受损中断24～48h(含48h)的,产生重大社会影响的地质灾害
	社会安全事件	造成10～29人(含10人)死亡,或50～100人受伤,或跨区(市)严重影响社会稳定的连锁反应事件;参与人数1000～4999人,影响较大的非法集会游行示威、聚众闹事,参与人数200～499人或造成较大人员伤亡的群体性械斗冲突等群体性事件;一次造成公路上3人及以上死亡的杀人、爆炸、纵火、事件毒气、绑架、劫持人质和投放危险物质案件,或在公路上抢劫现金50万元以上或财物价值200万元以上,或抢劫金融机构或运钞车,盗窃金融机构现金30万元以上的案件
较大事件	交通事故	一次造成死亡3～9人,或重伤10～49人,或者财产损失1000万～5000万元的事故
	不良天气	暴雨、雪、雾霾、沙尘暴等不利天气事件导致公路行车安全性显著降低,公路将连续封闭6～12h(含6h),或主干道路滞留车辆排队10～20km(含10km),或道路交通拥堵范围覆盖相邻两个市以上;或一定区域范围内出现中雪(24h降水量2.5～4.9mm,积雪深2.5～4.9cm,能见度大于500m小于1000m),或出现水平能见度距离200～500m之间大雾霾
	危化品事故	发生3～9人(含3人)死亡,或30～49人(含30人)中毒,或区域生态功危化品能部分丧失或濒危物种生境受到污染;或因环境污染使当地经济、社会活动事故受到较大影响
	地质灾害	造成公路预计中断12～24h(含24h),产生不良社会影响的地质灾害
	社会安全事件	造成3～9人死亡,或10～50人受伤,或跨区(市)严重影响社会稳定的连锁反应事件;参与人数50～999人,影响较大的聚众闹事,或参与人数50～199人、造成人员伤亡的群体性械斗冲突等群体性事件;公路上故意伤害致人死亡或者以特别残忍手段致人重伤造成严重残疾的,或抢劫公私财物100元以上的,投放毒害性、放射性、传染病病原体等物资致人重伤、死亡、经济损失1000元以上的,爆炸、放火致人重伤、死亡、经济损失1000元以上的案件

续上表

等级	类型	突发事件
一般事件	交通事故	一次造成死亡 1 ~2 人,或重伤 3 ~9 人,经济损失较小的事故
	不良天气	不良天气域范围内出现小雪(24h 降水量 0.1 ~2.4mm,积雪深 0.1 ~2.4cm,能见度大于 1000m)天气,或出现水平能见度距离低于 1000m 的雾霾
	危化品事故	发生 3 人以下死亡,或 30 人以下中毒,或区域生态功能部分丧失或濒危物种生境受到污染,或因环境污染使当地经济、社会活动受到较大影响
	地质灾害	造成公路受损或交通受阻,影响了公路行车安全和正常通行秩序的地质灾害
	社会安全事件	造成 1 ~2 人死亡,或 3 ~9 人受伤的事件,影响交通正常通行的群体性社会安全事件

第四节 公路交通突发事件应急预案

公路交通突发事件应急预案是应急救援不可缺少的组成部分,是及时、有序、有效地开展应急救援工作的重要保障。我国公路交通突发事件应急预案体系包括以下几类。

(1)公路交通突发事件应急预案。公路交通突发事件应急预案是全国公路交通突发事件应急预案体系的总纲及总体预案,是交通运输部应对特别重大公路交通突发事件的规范性文件,由交通运输部制定并公布实施,报国务院备案。

(2)公路交通突发事件应急专项预案。公路交通突发事件应急专项预案是交通运输部为应对某一类型或某几种类型公路交通突发事件而制定的专项应急预案,由交通运输部制定并公布实施。主要涉及公路气象灾害、水灾与地质灾害、地震灾害、重点物资运输、危险货物运输、重点交通枢纽的人员疏散、施工安全、特大桥梁安全事故、特长隧道安全事故、公共卫生事件、社会安全事件等方面。

(3)地方公路交通突发事件应急预案。地方公路交通突发事件应急预案是由省级、地市级、县级交通运输主管部门按照交通运输部制定的公路交通突发事件应急预案要求,在上级交通运输主管部门的指导下,为及时应对辖区内发生的公路交通突发事件而制定的应急预案(包括专项预案)。由地方交通运输主管部门制定并公布实施,报上级交通运输主管部门备案。

(4)公路交通运输企业突发事件预案。由各公路交通运输企业根据国家及地方的公路交通突发事件应急预案要求,结合自身实际,为及时应对企业范围内可能发生的各类突发事件而制定的应急预案。由各公路交通运输企业组织制定并实施。

第五节 应急预案在公路交通突发事件处置中的作用

公路交通突发事件具有显著的不确定性特点,不可能完全避免。应急预案是抵御风险、控制事件蔓延、降低危害后果的有效手段。应急预案在公路交通突发事件处置中的关键作用主要体现在以下四个方面。

(1)应急预案是处理突发事件的核心依据。

应急预案确定了应急救援的范围和体系,使应急管理不再无据可依、无章可循。尤其是培训和演练,培训可以让应急响应人员熟悉自己的职责,具备完成指定任务所需的相应技能;演练可以检验预案和行动程序,并评估应急人员的技能和整体协调性。

(2)应急预案对降低事件后果至关重要。

应急行动对时间要求十分敏感,不允许有任何拖延。应急预案预先明确了响应程序、应急处置各方的职责及应急准备工作。可以指导应急救援迅速、高效、有序地开展,将事件造成的人员伤亡、财产损失和环境破坏降到最低限度。

(3)应急预案是应对各类突发事件的基础。

编制交通运输部门的各类应急预案,可保证应急工作有章可循,对那些事先无法预料的突发事件,可以起到基本的应急指导作用。当发生超过本级应急能力的重大事件时,便于及时与国家级、省级等有关应急机构进行联系和协调。交通运输部门可以针对特定事件类别编制专项应急预案,并有针对性地制定应急措施、进行专项应急准备和演练,为应对突发生产安全事件奠定基础。

(4)应急预案有利于提高风险防范意识。

应急预案的编制,实际上是辨识重大风险和制定防御决策的过程,强调各方共同参与。应急预案的编制、评审以及发布和宣传,有利于各方了解可能面临的重大风险及其相应的应急措施,提高风险防范意识。

因此,满足科学性和可操作性的应急预案是应对突发事件的可靠依据,为降低公路交通突发事件后果提供了有力保障。

第六节　应急预案演练

应急预案演练是应急预案重要的有机组成部分之一,是应急预案的演示,应急预案的有效性和可操作性需要通过应急演练来检验。应急预案不能只停留在理论上,必须应用到实际应急行动中,通过应急演练,可以找出该应急预案存在的问题,及时修正错误,完善应急预案中的缺项漏项,一旦发生突发事件,应急预案可以起到应有的作用。

因此,本书将在第三章重点介绍公路交通突发事件应急演练的设计和实施。

第三章　公路交通突发事件应急演练活动策划

公路交通突发事件应急演练是依据相关预案，通过模拟公路交通突发事件发生情景与演化过程，以及协调救援部门、组织救援人员、执行应急行动、实施应急措施等，检验和评估应急预案的有效性和可操作性，提高应急人员应急决策、组织、协调、处置和保障等应急能力水平的一项实践性活动。应急演练是由多个组织共同参与的一系列行为和活动，有着具体的设计和实施过程。一次合格的应急演练需要经过组织单位精心策划和周密组织，这是确保演练活动顺利开展的先决条件。因此，科学合理的设计步骤和完善的组织实施方案对于应急演练的成功开展起决定性作用。本章将详细阐述公路交通突发事件应急演练活动设计和实施工作流程。

第一节　演练活动准备

良好的准备工作是演练活动顺利开展的前提，是成功完成整个演练设计的基础，主要包括回顾现有方案、开展需求评估、评估演练能力、组建演练团队、选择演练目标等。

一、回顾现有方案

公路交通突发事件应急预案和相关实施方案是演练工作的出发点，这些预案和方案不仅明确了公路交通突发事件应急工作中相关机构和组织在突发事件中如何响应，如何协同配合，还明确了各机构和组织应动用哪些资源及采取的响应程序。设计人员应结合实际，对现有预案和方案进行深入细致的研究，重点考虑在针对不同类型的突发事件中的响应程序、响应措施、应急资源和应急能力，从而发现问题所在，为后续演练设计提供参考。

二、开展需求评估

应急演练是应急管理工作的一部分，应该系统地研究工作需要，确定是否需要演练以及需要开展何种类型的演练，通过系统的现状研究后得出结论。换言之，就是评估演练需求。

评估演练需求要全面了解应急预案，需评估以下内容：

(1)最可能面对的风险和风险的优先级；

(2)最需要演练的功能；

(3)潜在的演练参加者；

(4)对以往演练的评价；

(5)已具备的应急能力和较薄弱功能;

(6)有关薄弱环节,特别是突发事件处置的体制、机制方面,如相互冲突的政策,含糊不清的程序;

(7)不明确的、需要澄清的事项及其作用;

(8)需要开展何种类型演练;

(9)其他。

通过开展演练需求评估可以让演练的组织者明确演练的必要性,演练的目的、内容和职责等。

三、评估演练能力

演练能力的评估即是对参演机构在演练的准备、设计、实施、评估和改进等阶段可调用的资源进行评估,包括人力、财力、物资和技术等。

四、组建演练团队

应急演练的组织开展需要根据相关应急预案来确定。演练组织单位要成立由相关单位领导组成的演练领导小组,通常下设策划组、执行组、保障组、技术组和评估组等若干专业工作组(对于不同类型和规模的演练活动,其组织机构和职能可以适当调整)。根据需要,可成立现场指挥部。

(1)演练领导小组。

应急演练领导小组负责演练活动筹备期间和实施过程中的领导与指挥工作。确定演练内容、演练形式、演练区域和参演人员,在需要的时候,负责任命演练活动总指挥与现场总指挥,审定演练工作方案、演练工作经费、演练评估总结以及其他需要决定的重要事项等。

演练领导小组组长一般由演练组织单位主要领导担任,副组长一般由演练组织单位或主要协办单位负责人担任,组长、副组长具备调动应急演练筹备工作所需人力和物力资源的权力,小组其他成员一般由各演练参与单位相关负责人担任。

在演练实施阶段,演练领导小组组长、副组长可以兼任演练总指挥、现场总指挥。演练总指挥负责演练实施过程的总体指挥与控制,一般由演练领导小组组长或上级领导担任,现场总指挥负责演练现场各项应急行动实施过程的指挥控制。

(2)应急演练策划组。

应急演练策划组是保证演练过程正常开展所设立的工作组之一。组员由熟悉当地应急情况的人员组成,如行政官员、负有安全生产监督管理职责的相关部门领导、应急预案中所涉及应急组织负责人和应急专家。

应急演练策划组员应对应急预案内容有较为全面的认识和了解。应急演练策划组主要负责应急演练策划、演练方案设计、演练实施的组织协调,负责演练前、中、后的宣传报道,编

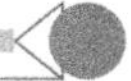

写演练脚本、安全保障方案或应急预案、总结报告和后续改进计划等。其具体职责包括以下六个方面。

①确定演练目的、原则、规模、参演单位;确定演练的性质方法,选定演练的时间、地点。

②与当地行政部门进行沟通,争取他们对演练工作的支持和配合。

③协调各参演单位和部门之间的关系。

④编制、审定演练实施方案及其他与演练相关的重要文件。

⑤开展演练前对人员的培训工作。

⑥参与演练实练、总结工作,针对演练中发现的问题进行跟进、落实和整改。

应急演练策划组设总策划、副总策划,下设文案组、协调组、控制组、宣传报道组等。

①总策划、副总策划。总策划是演练准备、演练实施、演练总结等阶段各项工作的主要组织者,一般由演练组织单位具有应急演练组织经验和突发事故应急处置经验的人员担任;副总策划协助总策划开展工作,一般由演练组织单位或参与单位的有关人员担任。

②文案组。应急演练文案组在总策划的直接领导下,负责制订演练计划、设计演练方案、编写演练总结报告以及演练文档归档与备案等。文案组成员由演练参与单位的人员组成,应具有一定的演练组织经验、突发事故应急处置经验。

③协调组。协调组主要协调应急演练所涉及相关单位以及本单位有关部门之间的沟通,负责向各组传达指挥部负责人指令,负责联系和督促各组工作。其成员一般由演练组织单位及参与单位的行政、人事等部门人员组成。

④控制组。在应急演练实施过程中,控制组在总指挥的直接指挥下,负责向演练人员传送各类控制消息,解答演练人员的疑问,解决应急演练过程中出现的问题。引导应急演练进程沿着计划方案进行,以达到演练目标。其组长可以由演练组织单位的负责人担任,成员最好有一定的演练经验,也可以从文案组和协调组抽调。

⑤宣传报道组。应急演练宣传报道组主要负责编写、制作宣传教育资料和宣传标语,撰写新闻通稿和组织宣传报道,举行新闻发布会,负责接洽外部媒体工作者,使周围居民及群众及时掌握演练最新动态,减少不必要的恐慌。其组长一般由演练组织单位宣传部门负责人担任,成员涉及演练相关单位的宣传部门人员。

(3)应急演练执行组。

应急演练执行组在应急演练活动筹备及实施全过程中,负责演练相关单位和工作组内部的联络、协调工作,负责生产安全事故情景事件的要素设置及应急演练过程中的场景布置,负责调度安排参演人员、控制演练进程,确保演练活动的正常进行。

执行组组长一般由组织演练单位的安全管理部门领导担任,需要熟悉当地应急情况和生产经营单位应急资源条件,成员一般由演练相关单位具有应急演练经验的人员组成。

(4)应急演练保障组。

应急演练保障组主要负责应急演练筹备及实施过程中工作经费和后勤服务保障,确保演练安全保障方案或应急预案落实到位,调集演练所需物资装备,购置和制作演练模型、道具,搭建模拟场景,保障运输车辆、电力及通信畅通,维持演练现场秩序,保障人员生命和财产安全,负责应急演练结束后所用物资的清理归库、人力资源管理及演练经费的使用管理,同时提供演练所需的各种相关后勤保障,并根据需要协助接待领导、专家、观摩人员等。

演练保障组组长和副组长一般由分管领导或应急救援指挥中心人员或生产经营单位后勤部门负责人担任,其成员一般是演练组织单位及参与单位后勤、财务、办公等部门人员,通常称为后勤保障人员。

(5)应急演练技术组。

应急演练技术组根据演练内容、形式,负责监控演练现场环境参数及其变化,预测应急演练过程中可能出现的意外情况并给出相应应对方法,制订演练过程中应急处置技术方案和安全措施,并保障其正确实施,确保应急演练正常进行。

技术组组长一般由主办单位相关负责人或外聘应急专家担任,且必须要有丰富的应急演练经验和应急管理方面专业知识,其成员一般是参演单位具有相关应急技术经验的人员。

(6)应急演练评估组。

应急演练评估组主要负责审定演练安全保障方案或应急预案,设计演练评估方案并实施,进行演练现场点评和总结评估,撰写演练评估报告,对演练准备、组织、实施及其安全事项进行全过程、全方位观察,记录收集到的信息,整理评估结果,及时提出具有针对性的改进意见和建议。

评估组成员一般由应急管理专家及具有一定演练评估经验和突发事件应急处置经验的专业人员和演练组织主管部门相关人员担任,称为演练评估人员。评估组可由上级部门组织,也可由演练组织单位自行组织。

(7)演练参与队伍和人员。

演练参与队伍和人员包括应急预案规定的有关部门(单位)应急人员、各类专兼职应急救援队伍以及志愿者队伍等。按照在演练过程中扮演的角色和承担的任务,参演人员一般可分为演练人员、控制人员、模拟人员、评估人员和观摩人员五类。

①演练人员。

演练人员是指在应急演练中承担具体任务的工作人员,是演练参与人员的主体,人数最多。演练人员主要来自各应急组织机构和演练相关单位,是现实中与突发事件应急救援直接相关的人员。在演练过程中,演练人员应尽可能地针对事故情景做出在真实情景下可能采取的响应行动。

演练人员应熟悉应急响应体系、功能和所承担任务的执行程序,演练时,按规定的信息获取渠道,了解有关信息,并根据自身判断确定自己的应急行动,以控制或缓解演练所模拟的紧急情况。演练人员承担的具体任务包括:

a. 按演练情景要求救助伤员或者被困人员;

b. 实施相应行动,保护财产和公众安全;

c. 获取并管理各种应急资源;

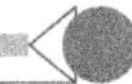

d. 与其他应急响应人员协同应对演练过程中的各类紧急事件。

②控制人员。

控制人员是指按照应急演练方案控制应急演练进程的人员，通常包括演练总指挥、现场总指挥以及专业工作组人员。在演练过程中，控制人员可以由参演应急组织部门的负责人或参演单位的应急部门人员担任。

演练控制人员的职责是确保应急演练方案的顺利实施，以达到演练目标。在演练陷入停滞状态时，控制人员应给演练人员一些提示，推动演练的顺利进行。此外，控制人员还要保证现场人员的安全，保证整个演练过程在可控的安全范围内。控制人员在演练过程中的主要任务包括：

a. 确保应急演练目标最大限度实现，以利于评估工作的开展；

b. 确保演练活动对于演练人员来说，既具有确定性，又富有挑战性；

c. 确保演练进度；

d. 解答演练人员的疑问，解决演练过程中出现的问题；

e. 保障演练安全进行。

③模拟人员。

模拟人员是指应急演练过程中扮演与代替某些应急响应机构、社会团体和服务部门的人员（如军队、受害群众、志愿者团体等组织），或模拟紧急事件、事态发展的人员。模拟人员要了解模拟组织的职责、任务和能力，在演练过程中能够模拟这些组织所需采取的行动，积极配合演练人员，提高演练的真实性。

模拟人员承担第一项角色任务时，可以扮演多种角色或替代多个机构和服务部门，与应急指挥中心、现场指挥所之间一般采取书面消息传递、模拟适时行动等相互作用方式。

模拟人员在演练过程中的任务包括：

a. 扮演与代替正常情况下响应实际紧急事件时与应急指挥中心、现场应急指挥所相互作用的机构或服务部门人员（由于各方面的原因，这些机构或服务部门不能参加演练）；

b. 模拟事故的发生过程，如释放烟雾、模拟气象条件、模拟泄漏等。

开展应急演练，并不要求所有应急机构、组织、部门人员都参与，参与演练的应急机构、组织、部门人员取决于演练范围、规模、演练目标，不参与演练并不说明该次演练不需要这些机构、组织、部门人员的支持与配合。应急机构参与时，需在现场或指挥中心以外的其他地方进行的各项活动主要通过模拟人员的模拟行为完成。

④评估人员。

评估人员是指负责观察和记录应急演练进展情况并评估相应演练绩效的人员，他们不直接参加演练活动，但是必须对整个演练方案和过程进行熟悉和了解。评估人员主要由当地政府行政人员、应急响应机构主要人员或应急管理领域的专家担任。

应急演练评估人员的主要任务包括：

a. 观察演练人员的应急行动情况和演练过程，记录观察结果，整理记录信息并展开评估工作；

b. 在不干扰演练人员工作的前提下，协助控制人员保证演练按预定的方案进行。

演练前，评估人员必须接受有关评估技术和评估方法方面的培训。演练过程中，评估人员须认真做好记录。演练结束后，评估人员所收集到的客观信息和事实，将成为评估组总结应急演练和应急预案各方面优缺点的基本依据。

⑤观摩人员。

观摩人员是指来自演练相关单位或受邀观看演练过程的人员。应急演练现场应划分专门的区域供观摩人员活动，并设立专门人员负责现场秩序的维持，保证所有观摩人员能够清晰、安全地观看整个演练过程。

上述五类人员在演练过程中都有着重要的作用。演练人员对演练情景中的事件或模拟紧急情况做出应急响应行为；控制人员通过释放控制消息，确保演练按照演练方案要求进行；模拟人员模拟事故发生情况和应急响应行动；评估人员收集与演练相关的事实、时间、事件及其他各类详细情况信息，评估演练绩效；观摩人员可以从观看过程中吸取经验并提高自身意识。

五、选择演练目标

应急演练目标是需完成的主要演练任务及其达到的效果，一般说明“由谁在什么条件下完成什么任务，依据什么标准，取得什么效果”。演练目标应简单、具体、可量化、可实现。一次演练一般有若干项演练目标，每项演练目标都要在演练方案中有相应的事件和演练活动予以实现，并在演练评估中有相应的评估项目判断该目标的实现情况。

应急演练目标体系包含的 18 种演练目标如下。

(1)应急动员目标。应急动员主要展示通知应急组织、动员应急响应人员的能力。本目标要求演练组织单位应具备在各种情况下警告、通知和动员应急响应人员的能力，以及启动应急设施和为使用应急设施调配人员的能力，组织方不但要采取系列举措，向应急响应人员发出警报，通知或动员有关应急响应人员各就各位，还要及时启动应急指挥中心和其他应急支持设施，使相关应急设施从正常运转状态进入紧急运转状态。

(2)指挥和控制目标。指挥和控制主要展示指挥、协调和控制应急响应活动的能力。本目标要求演练组织单位应具备应急过程中控制所有响应行动的能力，现场指挥人员、应急指挥中心指挥人员和应急组织、行动小组负责人员都应按应急预案要求，建立指挥系统，展示指挥和控制应急响应行动的能力。

(3)事态评估目标。事态评估主要展示获取事件信息、识别事件原因和致害物、判断事件影响范围及其潜在危险的能力。本目标要求应急组织具备主动评估事件危险性的能力。即应急组织应具备通过各种方式和渠道，积极收集、获取事件信息，评估、调查人员伤亡和财产损失、现场危险性以及危险品泄漏等有关情况的能力；具备根据所获信息，判断事件影响范围，以及对居民和环境存在长期危害的能力；具备确定进一步调查所需资源的能力；具备

及时通知国家、省及其他应急组织的能力。

(4)资源管理目标。资源管理主要展示动员和管理应急响应行动所需资源的能力。本目标要求应急组织具备根据事态评估结果识别应急资源需求的能力,以及整合和调集内外部应急资源的能力。

(5)通信目标。通信主要展示所有应急响应地点、应急组织机构和应急响应人员之间有效联系与通信的能力。本目标要求应急组织建立可靠的主要通信系统和备用通信系统,以便与有关岗位的关键人员保持联系。应急组织的通信能力应与应急预案中的要求相一致。通信能力的展示主要体现在通信系统及其执行程序的有效性和可操作性方面。

(6)应急设施、装备和信息显示目标。应急设施、装备和信息显示主要展示应急设施、装备、地图、显示器材及其他应急支持资料的准备情况。本目标要求应急组织具备足够应急设施,而且应急设施内装备、地图、显示器材和应急支持资料的准备与管理状况能满足支持应急响应活动的需要。

(7)警报与紧急公告目标。警报与紧急公告主要展示向公众发出警报和宣传保护措施的能力。本目标要求应急组织具备按照应急预案中的规定,迅速完成向周边区域内公众发布应急防护措施命令和信息的能力。

(8)事件控制与现场恢复目标。事件控制与现场恢复主要展示采取有效措施控制事件发展和恢复现场的能力。本目标要求应急组织具备采取针对性措施,有效控制事件发展和清理、恢复现场的能力。事件控制是指应急组织应及时控制不安全因素,以避免事态进一步恶化。现场恢复是指应急组织为保护居民安全健康,在应急响应后期采取的清理现场污染物、恢复主要生活服务设施、制定并实施人员返回措施等一系列活动。

(9)公众保护措施目标。公众保护措施主要展示根据危险性质制定并采取公众保护措施的能力。本目标要求组织单位具备根据事态发展和危险性质选择并实施恰当公众保护措施的能力,包括选择并实施学生、残障人员等特殊人群保护措施的能力。

(10)应急响应人员安全目标。应急响应人员安全主要展示监测、控制应急响应人员面临危险的能力。本目标要求应急组织具备保护应急响应人员安全和健康的能力,主要强调应急警戒区域划分、个体保护装备配备、事态评估机制等。

(11)交通管制目标。交通管制主要展示控制交通流量,控制疏散区和安置区交通出入口的组织能力。本目标要求组织单位具备管制疏散区域交通道路流量的能力,主要强调交通控制点设置、执法人员配备和路障清除等活动的管理。

(12)人员登记、隔离与去污目标。通过人员登记、隔离与去污过程,展示监测与控制紧急情况的能力。本目标要求应急组织具备在适当地点(如接待中心)对疏散人员进行污染监测、去污和登记的能力,主要强调与污染监测、去污和登记活动相关的执行程序、设施、设备和人员情况。

(13)人员安置目标。人员安置主要展示收容被疏散人员的程序、安置设施和装备,以及服务人员的准备情况。本目标要求应急组织具备在适当地点建立人员安置中心的能力,人员安置中心一般设在学校、公园、体育场馆及其他建筑设施中，要求可提供生活必备条件，如避难场所、食品、厕所、医疗卫生与心理健康服务等。

(14)紧急医疗服务目标。紧急医疗服务主要展示有关转运伤员的工作程序、交通工具、设施和服务人员的准备情况，以及展示医护人员、医疗设施的准备情况。本目标要求应急组织具备将伤病人员运往医疗机构的能力和为伤病人员提供医疗服务的能力。转运伤病人员既要求应急组织具备相应的交通运输能力，也要求具备确定伤病人员运往何处的决策能力。医疗服务主要是指医疗人员接收伤病人员的所有响应行动。

(15)公共信息目标。公共信息主要展示及时向媒体和公众发布准确信息的能力。本目标要求演练组织单位具备向公众发布确切信息和行动命令的能力。即组织方应具备协调其他应急组织，确定信息发布内容的能力；具备及时通过媒体发市准确信息，确保公众能及时了解准确、完整和通俗易懂信息的能力；具备谣言控制，澄清不实传言的能力。

(16)全天候应急目标。全天候应急主要展示保持全天24h不间断的应急响应能力。本目标要求应急组织在应急过程中具备保持24h不间断运行的能力，重大事件应急过程可能需坚持24h以上的时间，一些关键应急职能需维持全天候不间断运行，因而组织方应能安排两班以上人员轮班工作，并周密安排接班过程，确保应急过程的持续性。

(17)外部增援目标。外部增援主要展示识别外部增援需求的能力和向国家、省及其他地区的应急组织提出外部增援要求的能力。本目标要求应急组织具备向国家、省及其他地区请求增援，并向外部增援机构提供资源支持的能力，主要强调组织方应及时识别增援需求、提出增援请求和向增援机构支持等活动。

(18)文件化与调查目标。文件化与调查主要展示为事件及其应急响应过程提供文件资料的能力。本目标要求应急组织具备根据事件及其应急响应过程中的记录、日志等文件资料调查分析事件原因，并提出应急存在不足和改进建议的能力。从事件发生到应急响应过程基本结束，参与应急演练的各类应急组织应按有关法律法规和应急预案中的规定，执行记录保存、报告编写等工作程序和制度，保存与事件相关的记录、日志及报告等文件资料，供事件调查及应急响应分析使用。

一般情况下，一次演练活动就一定数量的演练目标进行策划和展开，应急演练应在需求分析的同时结合已建立的应急演练目标体系来确定本次应急演练的目标。根据应急工作发展的需要，为满足持续改进处置重大突发事件应急处置能力的要求，也可以适当增添新演练目标。但新增演练目标应符合下述要求：

(1)新目标应在演练情景事件确定之前完成，以便演练事件符合演练规模的要求；

(2)新目标应当具体，着眼于工作实际；

(3)新目标应叙述准确，避免语义含糊不清；

(4)新目标应可以通过评估准则予以检验和测量。

第二节　演练活动方案设计

演练活动方案设计类似于编写剧本，需确保所有演练参加人员在正确的时间采取正确

的行动或做出恰当的决定。演练活动方案设计可分为确定演练范围、演练需求评估、确定演练要素、明确演练目的、编写演练目标、设计背景故事、撰写主要事件和细节事件、列出预期行动以及准备事件进展信息 9 个基本步骤。为便于跟进相关设计工作进展情况,可将所有需要完成的演练设计工作罗列出来,以实时了解进度。演练活动方案设计完成后,应形成演练工作方案、演练脚本、演练评估方案和参演人员手册 4 个演练核心文档,统称为演练方案。

演练活动方案设计工作具有较大难度和挑战性,主要原因之一就是演练活动设计方案涉及的演练目的、演练目标、主要事件、次要事件、事件进展信息、预期行动和评估关键点等核心要素之间本质上存在逐级分解和展开,以及归纳和提炼的逻辑关系。一个成功的演练活动方案设计既要能充分考虑上述要素彼此间的逻辑关系而做好外在衔接和内在对应,又要避免加入无关因素而增加演练的无序性和参演人员演练难度。

一、确定演练范围

确定演练范围,就是将演练限定在通过演练需求评估所确定的方向和问题上,不做盲目的和无谓的演练内容。演练范围确定内容主要包括 5 个方面:突发事件类型、位置、行动职责、演练参加者及演练类型。

演练需求评估可能揭示出公众广泛关注的方向和问题,但一场演练往往不能解决所有的问题。概括起来说,它不能具备所有的功能,不能应对所有的危险和事件,不能动员所有机构、组织或部门,不能动用和部署所有的资源。因此,需要确定优先事项并做出选择,其中最重要的是明确范围并严格界定,使演练具有清晰的指向。影响确定演练范围的其他因素有:演练内容、演练经费、可动用的资源、问题的严重程度、基于解决此类问题的演练能力、演练时间等。

二、演练需求评估

交通运输部门是否需要开展应急演练,以及开展何种类型的演练,应通过系统的现状研究后得出结论,而不应迫于某些压力或根据“直觉”做出决定。通常情况下,当发生重大事件甚至灾难后,往往会突然决定开展一次全方位演练,因为此时开展演练能够产生很强的震撼效果和激励作用。但这种决定也极可能导致演练失败,演变成“为了开展演练而演练”。因此演练前的需求评估十分必要,它有助于明确演练的目的,找到开展演练的原因,确定演练的内容。

其实早在制订演练规划时,就应首先对演练需求进行评估,开展单次演练活动前,也需参考早期的评估结果并更新。演练需求评估建议按照以下思路进行。

1. 风险分析

应急演练是推动应急准备的有效手段,在经费和人力资源均有限的情况下,应优先选择最需要及最迫切的领域开展应急演练。为此,演练组织方应根据自身的职责范围和责任区域,全面考虑可能面临的各类型突发事件,在此基础上开展风险评估,即根据各类型风险的发生概率和严重性，梳理出风险等级最高的突发事件类别。突发事件的严重性应同时考虑脆弱性（破坏程度）和现有应对能力两方面的因素，即破坏程度越大、现有应对能力越弱的事件，其严重性越强。如发生概率也较大，则该风险的等级就越高，越需要加强应急能力准备（含应急演练）。

在此基础上，还应进一步明确该类型突发事件在哪些区域或对哪些人群构成的风险大，即分析脆弱地区或脆弱人群，为演练的目标开展地区的选择提供依据。

2. 现有方案分析

设计团队需详细回顾和梳理研究该类型突发事件应对工作相关的应急预案、实施方案和操作规程等，确定应对工作需要开展的行动、行动需遵循的程序和预期达到的水准，以及这些行动的责任机构和彼此间的协作需求等。据此，确定该类型突发事件应对可能涉及的机构和组织，以及各方应承担的职责和达到的标准。

3. 参演机构及职责确定

演练组织方在自身职责权限范围内，选择部分机构和组织参与本次演练。就各计划参演方在该类突发事件应对中担负的具体职责进一步细化和梳理，列出可能涉及的所有应对工作、遵循的程序和需要达到的水平，即计划参演各方的应对能力需求。

4. 能力现状分析

全面回顾过去一段时间参与突发事件应对、已开展的应急演练和改进工作，以及已开展的能力培训等，分析参演各方已具备的应急能力现状。对比能力需求分析结果，确认目前在应急能力方面仍旧存在的不足或需进一步检验之处。

5. 确定需通过演练检验的能力

能力现状分析可能发现欠缺或尚待检验的应急能力较多，不可能通过一次演练全部解决，同时应急准备中演练也并非能力提高的唯一方式。演练组织方需根据实际情况，分析和确认需要通过本次演练着重培训、检验或提高的应急能力清单。

6. 初步分析演练类型

根据需要培训、检验和提高的应急能力清单和围绕这些能力已经开展的培训、演练和应对实践工作，以及检验这些能力所需的模拟环境和压力情况，选择确定适宜的演练类型。例如是选择“静态测试”的讨论型演练，还是选择“动态测试”的实战型演练。

7. 现有演练能力评估

初步确认本次演练的类型需求，并不意味着演练组织方及计划参演各方有能力开展此类型的演练。尤其是对于复杂程度相对较高的桌面演练、功能性演练和全方位演练，要求演练组织方具备该类型演练的组织经验和技能，同时要求计划参演各方具备参与该类型演练的基本适应性，否则可能因演练的组织或实施过程中出现问题而导致演练效果较差甚至失败。

三、确定演练要素

总的来说，确定演练要素就是把需求评估的理想结果和现实条件的限制进行统筹综合

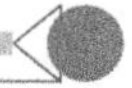

考虑。需求评估可能会提示许多值得关注的问题，但这些问题不可能通过一次演练全部实现或解决。因此，演练设计者应该确定优先领域并根据现有能力做出选择，综合考虑经费、人力和其他资源的可及性、问题的严重性、通过演练解决问题的能力、设计者的技能和经验，以及演练时长等，确定本次演练的要素。演练要素具体包含：演练内容、参演方及人员、演练类型、突发事件类型和模拟发生地点5个要素。

1. 演练内容

演练内容即需要参演人员练习的应急职能。应确保每项职能所涉及的操作规程都有清晰和明确的定义和描述，这也是之前的培训和演练应完成的工作。正因如此，对于尚未制订应急预案、实施方案和操作规程的突发事件或应急职能，不建议开展演练活动。

2. 参演方及人员

在确定了纳入演练的最重要应急职能后，还需列出担负这些职能的演练参与机构、组织和个人。

同时，演练场所的选择也与参演人员有一定关联：如果在应急指挥中心（或其他指挥场所）开展演练，那么管理和决策人员、辅助决策人员、协调人员和实施人员都应该参与；如果在突发事件的现场开展演练，除上述人员外，后勤人员和现场支持人员也都应参与。

3. 演练类型

在需求评估的基础上，进一步综合考虑如下情况来确定演练的类型。

（1）何种类型的演练是最迫切需要的？

（2）既往演练参演人员获得了哪些经验？

（3）我们需要面对何种程度的压力？

（4）各项规章和法规要求开展什么类型的演练？

4. 突发事件类型

一次演练通常只针对一类突发事件，在需求评估已经初步确定突发事件类别的基础上，可参考以下因素来选择具体的突发事件类型。

（1）易发生的事件，如交通事故、滑坡、泥石流导致的交通中断；

（2）最高优先等级的危害；

（3）近期没有演练过的危害；

（4）新近出现的危害。

同一类的突发事件下，不同类型的事件往往对应急能力的要求较为一致，故此时不应过度关注突发事件类型，应优先考虑需演练的应急职能，才能实现一项关键能力的提升带来多类型突发事件应对能力普遍提升的最大化效果。

5. 突发事件模拟发生地点

突发事件模拟发生地点的选择需要考虑可能性和真实性，以增强演练的逼真性和演练人员的真实感、投入感。桌面演练和功能性演练虽主要是在室内开展，但其模拟的事件同样需要虚拟的发生地点，故也需选择一个事件可能会真实发生的地区；对于全方位演练，模拟事件发生地点就是真实的演练场地，故需选择一个兼顾运输能力和安全需求，同时更接近现实状况的发生地点，例如高速公路。

同时，需求评估发现的脆弱地区和脆弱人群也可作为突发事件发生地点的选择依据，可使演练最大限度地发现应急体系存在的问题，进而获得改进、提高。

四、明确演练目的

演练目的的核心是需要通过演练来检验和改进的应急职能。演练目的非常重要，具体作用包括：贯穿并控制整个演练过程；决定演练目标的选择，进而决定后续的演练步骤；向演练支持对象和潜在参演人员解释开展演练的原因；有助于就演练规划与上级领导、参演人员、媒体和演练地点的街道和社区负责人进行交流和沟通。

演练目的可用整合后的演练要素相关内容（演练内容、参演人员、演练类型、突发事件类型和模拟发生地点），以及演练日期（突击性演练不提及或不明确提及演练日期）来更全面地表述。

基于演练目的可编写演练正式通知。演练通知由演练组织方及上级部门推送至需对演练进行支持的其他机构或组织。当以演练目的为基础编写演练通知时，需对演练目的进行再加工或详细描述，通常添加一些信息：联系人和联系方式、演练预计持续时间，同时也可删除演练地点的信息以增加突然性。

五、编写演练目标

进行演练活动设计时，应制定清晰和明确的演练目标。演练目标就是演练活动设计者期待参演人员在演练实施过程中采取的行动和表现出的能力。演练目标与演练目的密切相关，应更加明确、更加具体。

1. 演练目标的作用

在演练的设计、实施、评估和改进追踪等各个环节中，都需要有明确和清晰的演练目标。

（1）演练活动设计环节：演练目标是整个演练活动设计工作的立足点，演练活动设计所包含的背景故事、主要事件和细节事件、预期行动以及事件进展信息的编写均要基于演练目标。从某种意义上来讲，演练目的是关于演练预期行动的全面表述（全集），演练目标则是部分预期行动组成的子集。

（2）演练实施环节：在演练实施过程中，上述的演练各要素应依据演练目标来实施，以保证演练处于控制中。

（3）演练评估环节：演练评估的标准与演练目标直接相关。在演练过程中，评估人员基于目标来评价参演人员的表现；演练结束后，评估报告也是基于演练目标进行撰写的（目标的实现情况，没有实现的目标及原因）。

（4）改进追踪环节：在演练的改进追踪过程中，应着重围绕没有完成的目标。

2. 演练目标的数量

小型演练可有 2 ~ 3 个演练目标，一般性演练则以 10 个左右、甚至更少演练目标较为合

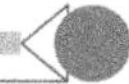

适。全国性的、中央和地方政府都参与的演练则可能多达100个目标。

在规模较大的演练中,每个参演机构或组织也应该制定适用自己的演练目标。

3. 演练目标的编写

可通过两种渠道获得演练目标:一是当演练活动设计者进行需求评估时,将众多需求评估结果转化为演练目标;二是将演练目的根据工作实际,进行逻辑拆分,从而得到演练目标。

(1)组成要素。在实战型演练中,演练目标必须清晰、简明并专注于参演人员的表现,应包括以下要素。

①行动的主体:谁采取行动;

②采取什么行动:用可观察的术语描述;

③该行动实施的条件;

④该行动应达到的标准或水平。

简而言之,每个演练目标都应清晰地表达出:谁,什么条件下,应采取的行动,这种行动应达到的标准。

(2)SMART方法。演练目标应该具有下列属性:简单(simple)、可观测(measurable)、完成(achievable)、现实(realisic)及以任务导向(task ointed),可简称SMART,以便于用来帮助撰写目标。

(3)观察要点。为确保设计的演练目标能够被有效地观测和评判,可能还需将部分演练目标进一步拆分为观察要点,即供评估人员观察的非常明确和客观的条目,也称为评估关键点。

(4)其他技巧。编写目标时尽量使用含义明确的词,避免目标的表述模糊。特别是描述参演人员行为和表现的动词,尽量使用有实意的动作词汇,避免使用含义模糊的词汇。

大部分演练目标是用来描述行为表现的,即个人和组织将会采取的行动。但有时,特别是在讨论型演练中,目标描述的对象不是行动,而是对于概念的理解或是态度的转变。

六、设计背景故事

演练需要模拟真实事件的场景或情景,这个场景或情景一部分就是背景故事,是对演练开始前已经发生事件的描述。

1. 背景故事的作用

(1)调动参演人员,背景故事为演练提供了氛围,吸引参演人员的注意力,使其愿意继续参与。

(2)背景故事还为参演人员提供在演练中需要的信息,为随后开展行动打好基础。

2. 背景故事的特征

背景故事通常为1~5个自然段,表达方式简单、明确,多采用现在时的描述口吻,常使用短句以增加紧迫感和紧张感,强调紧急的环境氛围。

对于一个有预警时间的事件来说(例如:暴雨、洪水、暴雪),背景故事常按照时间顺序勾画出状况变化的轮廓。对于不能或难以提前预知的事件(例如:危化品泄漏、生物恐怖袭击或地震),背景故事可以较短,或者用更多细节去描述周围环境的紧急情况(例如:附近的村庄、节假日运输高峰期将至)以制造强烈的感觉和氛围。

3. 背景故事的撰写

演练设计人员可以采取自问自答的方式勾画出背景故事梗概:快速简答(1 ~2 个词)下面的每个问题,每个回答的关键词组合成简短的句子,即可设计背景故事。

(1)什么事件?

(2)多快、多强烈、多危险?

(3)是如何发现的?

(4)已经采取了哪些响应措施?

(5)已经报告了哪些破坏或影响?

(6)后续事件是什么?

(7)什么时间?

(8)有提前预警吗?

(9)在哪儿发生的?

(10)哪些因素会影响应对?

(11)未来预期如何?

讨论型演练与实战型演练的背景故事撰写有很大不同。实战型演练(如全方位演练)的进程要求时效性强,具有压力性,往往以突发事件被发现作为开始(多为接到下级的报告或上级的指示),此时报告的信息即为背景故事;讨论型演练(如桌面演练)为无压力下的熟悉和讨论,为尽可能实现演练目的,往往按照事件发展的自然顺序直接进入事件的介绍,可没有背景故事而直接进入各场景的讨论。

七、撰写主要事件和细节事件

撰写演练场景或情景类似于编写一个剧本。在真正的剧本设计中,剧作家将事件组织成若干场景和行动。与之相类似的,演练设计者也将事件构建为主要事件和细节事件。

主要事件和细节事件是背景故事所描述的突发事件引发的或大或小的事件,可将其视为突发事件带来的问题或是需要采取的应对行动,以达到演练目标。撰写主要事件和细节事件的目的是在虚拟的突发事件与参演人员采取的行动之间建立一个纽带,使两者产生关联,以此保持演练的内在统一性。

1. 主要事件

主要事件就是突发事件导致的重大问题和事件,这些事件应是基于研究案例和应急方案发现的可能发生的事件,需采取真实的应对行动,一般包括一项或多项多部门联合行动。

突发事件可能导致诸多事件相继发生,但就某一次演练而言,设计人员应着重选取与该次演练的目的有密切关系的事件,从背景故事中的突发事件可能造成的后续事件中,确定哪

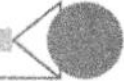

些事件与演练目的有关，能制造出用于测试演练目标的条件，专注于这些最能支持目标的事件，即本次演练使用的主要事件。

2. 细节事件

细节事件是由主要事件引发的，参演人员必须响应的特定问题，与期望参演人员应采取的行动（即预期行动）紧密联系。每个细节事件应该设计成用来触发一个或多个参演人员实施的一项或多项应对行动。编写细节事件主要有3种方式。

（1）回顾法：首先明确希望参演人员采取的行动，然后列出能够触发这些行动的事件或问题；

（2）前进法：列出与主要事件相关联的可能发生的特定事件或问题，然后确定期望采取的行动；

（3）混合使用回顾法和前进法，同时策划细节事件和预期行动。

当设计的演练规模较小时，可能没有必要区分主要事件和细节事件。但对功能性和全方位演练这样的复杂演练来说，应列出细节事件，以便于编写事件进展信息。

八、列出预期行动

预期行动是指设计人员希望参演人员在演练中采取的行动或作出的决定，以显示其能力。预期行动与演练目标、事件进展信息和演练评估均有密切的关系。

（1）如前所述，演练目的是所有预期行动组成的全集，演练目标就是部分预期行动组成的子集，两者密切相关。演练目标表明了期望参演人员采取的系列行动，是组织或个人应该采取的为达到目标的具体行动。一般而言，细节事件会导致多个行动，设计人员仅应关注与演练目标有关的行动。

（2）应急演练顺利实施的关键是希望参演人员按照某种方式去思考和反应，这就需要精心准备事件进展信息，以确保这些信息得到计划中的结果。因此明确预期行动将有助于设计人员编写有效的、针对性的事件进展信息。

（3）演练评估本质上就是评估参演人员在应急响应过程中的反应（及预期行动）是否恰当，因此预期行动列表就是评估的核心内容和评判标准。

九、准备事件进展信息

主要事件和细节事件主要存在于演练活动设计人员的脑海和演练方案文档中。参演人员实际接收的是一条条具体的信息，这些信息反映了所模拟突发事件的进展情况，即事件进展信息。事件进展信息是用来向参演人员传递细节事件的，可以一条事件进展信息代表一个细节事件，也可以几条事件进展信息合在一起代表一个细节事件。

1. 信息的作用

事件进展信息的作用是促使响应的产生，即使参演人员作出决策或采取行动，以达到演练目标。事件进展信息和预期行动有着直接关系，每条事件进展信息都被设计来产生一项或多项预期行动。演练中,控制人员输入提前编写好的事件进展信息,接收到事件进展信息的参演人员就像真实突发事件发生那样作出决策和采取行动。大部分演练就是通过这种方式持续进行下去的,事件进展信息是将细节事件转化为预期行动的纽带载体。

2. 信息的传递

可采取多种方式传递事件进展信息,如有线电话、手机、无线电台、对讲机、口述、书写的笔记或传真等。在功能性演练或全方位演练的信息传递中,尽量使用真实事件时会使用的信息传递方式。

3. 信息的模板

(1)信息要素。

每条事件进展信息都应含有以下4个要素。

①信息源(谁):谁发送了信息(必须是可靠来源);

②传递方法(送):信息是怎么传递的(必须是可靠的传递方式);

③信息内容(什么):信息中包含了什么(信息量是否足够接收者进行决策和行动);

④接收者(给谁):谁应接收这条信息(谁是适宜的接收者以及谁应在接收后采取行动)。

(2)信息模板。

事件进展信息的模板也可纳入信息编号、传递时间和预期行动等要素(可参考案例形成讨论型演练和实战型演练的事件进展信息汇总表/一览表,方便现场使用)。由于事件进展信息是触发预期行动的纽带,故与主要事件和细节事件通过方案和案例研究获得不同,事件进展信息在编写完成后,应找一些对参演机构或组织较为熟悉的人员阅读这些信息,测试能否触发所预期的行动。

第三节　各类型演练设计

对于各类型演练的设计,建议均按照上述9个步骤进行。下面分别介绍相对较为复杂的桌面演练、功能性演练和全方位演练的设计及注意事项。

一、桌面演练

1. 前5个步骤

桌面演练只是部分模拟,不需大量文字描述,参演人员是主持人、参演人员(担任他们现实工作中的角色)和1~2名记录人员(评估人员)。记录人员花少许时间就可记录讨论得出的决定,通常不需要正式的评估模板。因此,对于桌面演练,9个标准设计步骤的前5个可以简化。

2. 设计背景故事

桌面演练的背景故事可简短,一般以打印材料或播放幻灯片的形式展示给参演人员,也可使用提前录制的电视片段。当桌面演练是为了讨论一般性响应时,可不需要背景故事而

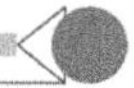

直接进入各场景展开讨论。

3. 撰写主要事件和细节事件

主要事件和细节事件应和演练目标紧密相关。大部分桌面演练仅需少量主要事件和细节事件,这些事件应能容易地被转化为提问。

4. 列出预期行动

列出预期行动将有助于编写提问和事件进展信息,也有助于设计团队明确希望参演人员作出哪方面的贡献。在桌面演练中,预期行动往往不是行动,而是经过相关人员的讨论和思想冲突的转变后最终达成的一致结论。

5. 准备事件进展信息

桌面演练仅依靠少量但细致准备的事件进展信息或提问便可成功。事件进展信息应与演练目标、主要事件和细节事件紧密联系,并仔细编排,以使所有参演人员均有机会参与讨论。其他机构或组织虽可被邀请加入讨论,但桌面演练中的事件进展信息通常被设计用来针对单个机构、组织或个人。

一般来说,应尽量编写超出预期设计需要数量的事件进展信息。但如果事件进展信息设计恰当,就能引发长时间的讨论。此时,10～15 条好的事件进展信息,通常会比 20 条或 30 条匆忙编写的事件进展信息效果更好。简言之,事件进展信息不在于多,而在于精。

二、功能性演练

1. 前 5 个步骤

需按照相关设计步骤的要求严格进行。

2. 设计背景故事

应设计一个有说服力的事件作为背景故事。

3. 撰写主要事件和细节事件

应从背景故事中发展而来,能够支持目标的主要事件和细节事件,按照真实的、合理的顺序进行编排。

4. 列出预期行动

应和演练目标紧密相关。

5. 准备事件进展信息

功能性演练主要依靠传递事件进展信息来触发参演人员的响应,在较大的演练中这种信息可能会超过 100 条。因此设计人员必须细致构思和合理编排以使参演人员按照预期行动去响应。在设计过程中,不仅要依据现有应急预案或方案预测参演人员可能的响应,也需尽可能考虑到参演人员所有可能的意料外响应,并就此准备好针对性的事件进展信息,向控制人员和模拟人员提供应对和处理这种意料外响应的方法。功能性演练主要使用口头或书面的事件进展信息,注意尽量使用真实事件发生时会使用的信息传递方式。

三、全方位演练

全方位演练的设计是各类型演练中难度最大的，常需要具备几个应急机构或组织的专业能力。因此，建议设计人员从一个小规模的演练开始，逐步过渡到复杂的演练。全方位演练必须完整地按照演练设计的9个步骤进行设计。

1. 前5个步骤

全方位演练中的前5个设计步骤（确定演练范围、演练需求评估、确定演练要素、明确演练目的和编写演练目标）需要更深入地分析和更多地关注细节。

2. 设计背景故事

全方位演练对背景故事的处理有很大不同，主要依靠可视化手段模拟，不再需要一个长篇的语言或文字表述，因此全方位演练的背景故事通常较为短小。

3. 撰写主要事件和细节事件

主要事件和细节事件在全方位演练中仍存在，但它们大多以模拟真实场景的形式，而不是通过语言和文字去表现。例如：地震的发生必须依赖文字去模拟，但地震造成的影响，诸如坍塌的桥梁、中断的道路、横梁下躺着的人体模型、假装受伤和惊恐的群众以及其他场景或道具等就可通过模拟进行展示。但需注意的是，即便是以视觉方式呈现事件，也不能随意和无计划地进行安排，每个事件必须仔细计划和布置场景，以支持目标和产生预期行动。

4. 列出预期行动

和任何演练一样，全方位演练中的预期行动必须根据演练目标来确定，预期行动的详细列表是演练评估的重要基础。

5. 准备事件进展信息

全方位演练中有两种事件进展信息。大部分行动产生自设置好的模拟场景，这些场景应包含许多要求参演人员进行响应的可视化内容。但全方位演练也应准备一些语言文字类的事件进展信息，以推动演练的前进。

全方位演练相较于其他类型的演练，更能体现"细节决定成败"。只有创造的场景足够好，全方位演练中才可能得到预期中的行动。通过视觉方式传递的信息也应和语言文字类的信息编写一样仔细策划和注重细节。例如，信息的传递方式或信息表现形式是事件进展信息的四要素之一，就全方位演练而言，信息的传递方式主要是依靠真实的模拟场景，即视觉的表现形式。但演练设计人员不能因此忽略信息细节，应确保信息顺利地传递。

第四章　公路交通突发事件应急演练活动实施

第一节　演练文档编制

在演练设计过程中,需编写4类演练相关文档:演练工作方案、演练脚本、演练评估方案和参演人员手册。这些文件是针对演练中特定人群的基本手册以及演练设计、实施和评估过程中的实用工具,统称为演练方案,其主要内容如下。

一、演练工作方案编制

演练工作方案是整个演练工作的计划性文件,涵盖从演练设计、实施到评估改进的全部演练过程。演练工作方案就参演各方普遍关心的问题提供一般信息,包括背景、目的、依据、演练设计(模拟的事件、演练类型、演练时间和地点、演练内容)、演练目标、组织实施(主办单位、参演单位、演练策划、实施、评估等)、演练保障(含经费预算)和时间进度安排等。此外,演练工作方案还可帮助参演人员提高演练中的表现,以及作为向演练组织方争取支持的公关性材料。

二、演练脚本编制

演练脚本是提供给控制人员和模拟人员的,参演人员不能获得。脚本可确保演练现场控制工作顺利实施,尤其是对于较复杂的实战型演练,脚本内容应非常详细,包括详细的演练场景信息及预期行动信息。相较而言,讨论型演练因为实施现场相对单纯、控制人员多来自设计团队,熟悉演练实施,因此脚本可较为简单,甚至可直接进入现场流程描述。

三、演练评估方案编制

演练评估方案是提供给演练评估人员、控制人员和模拟人员的,包括演练评估的程序、职责分工和相关支持等信息,内容包括背景、评估工作目的、演练概况(适用于复杂的实战型演练)、评估团队及构架、评估人员职责、评估方法(评估标准、工具和内容等),还包括具体的评估工作(现场评估、演练后小结以及总结评估报告的撰写)等。

四、参演人员手册编制

参演人员手册应提供给参演人员,内容力求简短概要,确保参演人员快速阅读和了解演练的必要信息。手册应包含有助参演人员有效参与演练的必要信息,例如背景、演练目的、模拟事件、演练类型、演练时间安排和地点、参演人员及职责，还应包括演练现场注意事项和可供参阅的资料等，不应含有与预期行动直接相关的信息。相同的信息也应在演练开始前的简报中提及。

演练过程中，控制、模拟和评估工作不是相互割裂，而是相互联系的。控制人员直接发送事件进展信息，或通过模拟人员发送事件进展信息（功能性演练中的模拟人员直接发送信息，全方位演练中的模拟人员直接表现视觉信息）来保持演练中行动的持续性。因而模拟人员可以看作控制人员的助手，是演练控制工作的有机组成部分。因此，模拟人员也应该认真阅读演练脚本，以辅助做好演练控制工作。同样，演练的实施过程某种意义上是为评估服务的，只有控制人员和模拟人员搭好演练实施的平台，评估人员才能在这个平台上更有效地开展评估。因此，控制人员和模拟人员也需认真阅读评估方案，做好与评估工作的衔接。

第二节　演练场景创造

演练需要通过使用各种装备/设备、展示手段、人员、道具和其他工具或方法来增强其逼真性，以使演练更加接近真实，取得更好的效果。

演练的关键要求之一是尽可能地模拟突发事件。场景、环境、气氛、使用的装备和器材越真实，参演人员越有可能完全进入状态去开展行动或作出决定，从而得到最大收获。因此，应通过各种办法去增强演练的逼真性，如在操练或全方位演练中，使用真实地装备和实际的场地；在全方位演练或功能性演练中，模拟人员真实地模拟受害者或其他机构和组织；在桌面演练或功能性演练，则必须依赖能够在室内使用的材料和设备来增加演练的真实性。

逼真性很重要，但不必耗费大量的经费和精力去刻意追求逼真性，应充分重视和利用应急指挥中心、现场指挥部及其他演练场所已有的、常用的或较易获得的物品及材料。

一、场景布设

发挥创造性是增强逼真性效果的重要方法，演练活动设计人员可以尝试一些低成本的创造性方法，例如：

（1）放映录像带，模拟一个“新闻广播”，描述发生的灾害和“受害者”的访谈录音；

（2）将新闻广播录音并在收音机中播放；

（3）通过化妆和道具模拟伤害；

（4）使用计算机和幻灯片来描述事件及进展；

（5）如果通信系统瘫痪是演练内容之一，那在应急指挥中心就不使用电话；

（6）如果预计电源将被切断，那就真实启动备用发电机，或关闭电灯和计算机，这些虽会干扰办公室的正常工作，但能使得演练更加真实。

在实际情况中，也可以不用大幅增加预算就得到用于增加逼真性的参演人员和装备。如可利用捐赠物品，许多人都热心公益事业，并乐意借出设备或假扮受害者。其他可获得资源的途径还包括志愿者组织、铁路部门、运输部门、红十字会以及其他协会等。

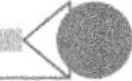

二、通信设备要求

各种类型的电子设备均可用来展示背景故事和推进情节的发展，通信设备也可被模拟人员用来传递事件进展信息。在一个高度逼真的演练中，例如复杂的功能性演练，尽量在模拟真实事件时采用电子邮件、电话、电台甚至电视等方式传递事件进展信息。

三、视觉展示要求

根据经验，缺乏可视化和展示性工具的演练通常很难圆满。简单的可视化和展示性工具包括地图、图表、状态板、黑/白板、记录纸和画架等设备。录像和幻灯片尽管有制作难度，但因能有效增加演练的真实性，故也应根据情况尽量采用。

1. 地图

地图对于真实的事件应对往往是必要的，因此对于所有类型的演练，地图都是应具备的，它可提供场景的背景及具体信息。即使是主题研讨或桌面演练，地图也能提供有价值的信息并帮助参演人员清晰把握模拟事件，例如可用来定位人员、装备，或确定调配资源的最便捷方式。

地图可复印后分发给个人，也可统一展示在墙上或用幻灯片展示。挂在墙上的地图上最好可擦写，以便在地图上划线或标点。

所需的地图类型和数量取决于演练类型和测试的危害。除自己动手绘制地图外，设计人员也可从网络、交通运输或公安交管部门、市政工程部门等处获取。

2. 图表

搜集和共享信息本身就是应急指挥中心的重要职能之一，图表是这一职能的体现。

3. 视频/幻灯片/动画

录制视频或动画短片，可用于对突发事件进行逼真地演示，介绍背景故事或提供事件进展信息。新闻广播、政府领导人以及公众的访谈等均可提前录制好以增加真实感。幻灯片也能用于表示相同目的。

4. 办公用品

虽然强调使用各种模拟方法来增加演练的逼真性，但设计人员也不应太过专注于演练戏剧化成分和专业道具使用，而忽略了普通装备和材料。许多普通装备和材料都是廉价的办公用品，也是演练所必需的，例如投影仪、复印机、收音机、手机、公共广播系统、各类笔、记录纸/图标、电话号码簿和地址簿、省级联络方式表、应急指挥中心电话簿、手机号码簿、姓名牌等。

5. 人员和道具

在全方位演练中，真实感来自在真实的场地使用真实的装备，例如现场通信工具、机械、清障车和清扫车等，均可被用来增强逼真性。

全方位演练的设计者也可考虑用真人或道具增强真实性。例如，在关于危化品泄漏的交通中断演练中，可使用模拟的火光和烟雾、假扮的受害者、人体模型等，甚至可使用军事上常用的沙盘模型。

四、后勤保障

在策划演练时，除演练活动本身需要强大的后勤保障外，如果使用了旨在增强逼真性的各种材料、工具和人员，也需有专人负责其保障工作，诸如材料和工具如何使用、道具放置在何处、道具谁负责管理、真人和道具的运输和归还方式、借来材料和装备是否必须归还、谁负责清洁、正常损耗等。

对于从各种途径获得的增强演练逼真性的资源，在设计阶段就要考虑其花费和可能因损伤带来的赔偿问题，例如：

(1)获得和归还设备、装备或材料的人工花费；

(2)可能发生的损坏或更换的成本；

(3)借用材料和工具，应及时安排归位。

第三节　演练活动实施

演练实施过程往往是整个演练过程中最易得到上级部门、公众和媒体关注的环节。本节将分别介绍各种类型演练的实施过程和注意事项。其中主题研讨和操练较为灵活，没有固定规则，本书只列出了一些原则性的指导建议。在介绍具体类型演练之前，先简要介绍演练前的后勤保障准备工作。

一、后勤保障

在获取了上级部门和各参演方对演练的支持并组建完设计团队后，在前期演练经费测算的基础上，设计团队还必须细致地考虑演练(主要是演练实施阶段)的后勤保障，做好相应的准备工作。因为后勤保障工作的困难程度将极大影响演练设计的实现程度，因此必须基于现有的保障能力开展具体演练场景的设计。

1. 场地和设施

经现场勘查和综合标记后，选择合适的演练场地。讨论型演练一般选择会议室或应急指挥中心等，实战演练应选择与实际情况相似的地点，力争实地、实时、实景演练。演练场地应有足够的空间，交通和安全条件适中，尽量避免干扰社区公众的生产生活。

2. 物资和器材

根据需要，准备必要的演练材料、物资和器材，制作必要的模型设施等，主要包括以下几种。

(1)信息材料：主要包括应急预案和4类演练文档、图表、地图、软件等。

(2)物资设备：个人携行装备、应急车辆、各类队伍装备物资。

(3)通信器材：可包括固定电话、移动电话、对讲机、海事电话、传真机、计算机、无线网卡

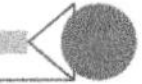

等，为追求真实感，尽可能使用日常应急工作中使用的通信手段和器材。

(4)演练情景模型：搭建必要的模拟场景及装备设施。

3. 安全保障

演练组织方应高度重视演练组织与实施全过程的安全保障工作。大型或高风险的演练活动提前制订针对性应急预案，对可能引发意外事件的环节预先进行操练和熟悉。根据需要为参演人员配备个体防护装备和购买人身保险。对可能影响公众生活、易引起公众误解和恐慌的演练，应提前向社会发布公告。演练现场要有必要的安全保障措施，必要时可考虑对演练现场进行封闭或管制。演练实施中出现意外情况时，控制人员和安全人员均有即刻终止演练的权力。

二、主题研讨

主题研讨的实施没有特定规则，研讨的目的决定了具体的形式。主题研讨实施的原则性指导建议如下。

(1)具有创造性。可使用各种各样的展示和讨论方法。设计人员可根据参加过的、有吸引力的课程，借鉴其授课者或报告者的技巧。例如，可要求参演人员一个接一个地发表看法，组织小组讨论，使用头脑风暴，展示一个解决问题的案例，或者进行一个主题讲座。

(2)事先做好组织和计划。尽管主题研讨较其他类型演练简单，但也不能寄希望于主持人的临场发挥，也需事先做好准备工作。

(3)鼓励长时间的讨论，保持信息交流的简明扼要，帮助在场的每个人都感到轻松。

三、实际操练

操练实施的难易程度取决于操练的具体内容，可从简单的单项操作规程开始，再到复杂的通信和现场指挥的操练。例如，一个以现场指挥为主题的操练相对较复杂，不但要求参演人员向操练现场的指挥人员进行报告，还可能需要使用诸如车辆、展示板等各种装备。操练所练习的职能多种多样，没有一定的规则，其原则性的指导性建议如下。

1. 提前准备

如果操作规程尚未经过测试，则需事先复习相关内容或开展培训，同时强调安全保障措施。

2. 展示场景

操练虽然对突发事件模拟的要求很低，但适当展现模拟事件仍能促进演练效果。指挥人员可从常规的任务简报开始，展示背景和回顾操练目的和目标，也可使用幻灯片或视频等手段。

3. 监控行动

操练开始后往往会自动按顺序进行下去，但如果指挥人员发现某些预期行动没有发生，可以输入一条事件进展信息触发这个行动。

四、桌面演练

桌面演练在很多方面都类似于一个旨在解决问题的头脑风暴会议。桌面演练与功能性演练的最核心区别在于前者是一个接一个地应对问题，待上一个问题解决后再进入下一个问题，整个过程几乎没有压力。

1. 场地的选择

推荐使用应急指挥中心或其他指挥场所（如多功能厅）来开展桌面演练，因为应急指挥中心既提供了突发事件应对的真实环境，也方便得到真实应对中所需的各类应急方案、展示工具和地图。任何能够容纳预计参演人员、并保证有效面对面交流的会议场所都可用作桌面演练。

2. 场地的布局

桌面演练中会议桌的数量和摆放形式主要由参演人员的数量和场景来决定。可以将桌子间隔开形成独立的小组，也可以摆放为回字形布局使所有参演人员围坐在一起。

3. 提供的材料

桌面演练不是“闭卷考试”，恰恰相反，为了最大限度地模拟和满足真实应对时信息查阅的需求，应主动向参演人员提供在应急指挥中心日常能获得的所有参考材料，包括应急预案、实施方案、地图等。

4. 讨论的引发

桌面演练的主持人首先宣读简短的叙述性文稿（背景故事），随后采取提问或输入事件进展信息的方式来引发讨论。一般来说，如果背景故事尚未囊括突发事件所有的进展信息，需要通过不断地输入事件进展信息来反映突发事件的发展变化，即采取输入事件进展信息的方式；如果开始讨论前背景故事已完整地介绍了突发事件的情况，则可采取直接提问的方式。当然，在持续输入事件进展信息方式的同时也可使用提问的方式，这也是我国桌面演练中常采取的方式。与直接提问相比，事件进展信息对参演人员需采取何种行动的提示性较弱，仅包含对突发事件发展变化情况的客观描述，而提问更有利于将演练往预设的方向进行引导，但因带有一定提示性会削弱参演人员“分析信息—提炼问题—作出决策”的过程和能力的测试与训练。

五、功能性演练

1. 开始时间

功能性演练何时开始取决于演练目标。如果目标之一是测试应急通知或紧急集结，那么可以使用“不提前告知”的突击性演练。在这种情况下，参演人员只会被告知演练开始的大致时间范围（未来的数周内），如此可保证演练的开始是具有突然性的。这样，评估人员就可以观察到从命令发布的那一刻起，发出通知和人员集结等工作的效率。对于非突击性演练，则应提前通告演练时间。

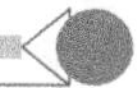

2. 输入背景故事

(1)基本情况简介。参演人员通常被一个模糊的通知召集到演练场地,在参演人员集结完毕后应进行一个关于本次演练的简要介绍及分发参演人员手册,以助演练取得成功。简报应包括以下信息:

①演练目的和目标;

②演练将如何实施;

③估计持续的时间;

④基本规则和程序。

基本情况介绍应简短,并避免任何干扰真实性气氛的因素,如在演练文档上不应标明诸如休息室的设置、暂停休息时间的安排等细节。

(2)展示背景故事。通常演练以展示背景故事作为开始,背景故事可以宣读,也可用电视、大屏幕或幻灯片进行展示。

3. 信息传递和响应

功能性演练中,模拟人员和参演人员之间的互动即意味着演练正式开始。模拟人员扮演其他应急机构和组织,传递事件进展信息给参演人员,参演人员模拟真实应急情况进行响应(包括参演人员之间的交流和协作);参演人员向模拟人员提出需求或反馈,模拟人员逼真地反应。

(1)依据仔细编排的事件进展信息来控制演练进程:当模拟事件发生和进展时,使用事件进展信息来告知参演人员。信息的传递可使用便条、电话、对讲机或直接口头告知。在可能的情况下尽量使用电话以增加真实感,但口头告知或写便条传递事件进展信息也同样可取。

(2)演练旨在检验真实事件发生时,参演人员是否能够履行自己的职责。因此在演练中,应鼓励参演人员像对待真实事件一样去对每条事件进展信息做出思考和采取行动。

(3)功能性演练没有人员部署和装备使用等现场元素,故可鼓励参演人员在最大响应范围内,达到在应急状况下他们常规可以达到的水平,其决策、沟通和执行职责的能力不应该受到演练条件的限制。

4. 演练控制

当模拟人员与参演人员交流事件进展信息并据此作出响应时,控制人员应仔细监控这个互动过程和进展情况,以便适时采取控制措施。

(1)调整速度。控制人员可以通过调整事件进展信息流的速度来控制演练的整体步伐。同时,控制人员也要平衡各参演人员之间的速度,因为一个不够活跃的参演单元会干扰其他参演单元的速度,进而降低演练的强度。此外,应确保事件进展信息流的顺畅,以避免部分参演人员感到无聊和厌倦。

(2)提高速度。首先需要分析速度变缓的原因所在,是演练的整体节奏不快,还是某个参演单元速度过慢导致的整体速度降低。对于后者,如果该单元应对负荷没有超过正常,则促使其加快速度;如果是应对负荷过大,则减轻其压力(类似于前面的“降低速度”措施),从而提高整个演练的节奏。提高速度可供选择的方式有以下几种。

①加快信息传递速度。

②分析导致速度缓慢的原因,必要时自主性增加或改变事件进展信息。例如是否存在活跃程度不足的参演单元,分析其是否仅是无心的忽略。如是,应增加针对该参演单元的事件进展信息使之活跃起来。

③在手中保持可替换的事件进展信息,以保证需要时可增加。

④增加事件,即一种即便在真实应急状态下该机构或组织也必须持续开展的常规工作。

⑤增加次生事件,即演练事件引发的事件。例如在参演人员应对主要演练事件的同时,增加断电、媒体采访和其他类似事件以迫使参演人员应对。

⑥增加特殊要求,迫使一个不太活跃的单元全力投入短时间的应对工作,例如让后勤保障单位测试自备的应急发电机。

⑦增加误导性的事件进展信息,即故意给某参演单元发出错误的事件进展信息。这种信息有助于判断该单元对既定职能的了解程度,同时测试其能否将该事件进展信息正确转发。

⑧减轻某些单元的负荷,如果一个参演单元面对的信息过多,则保留演练中必需的事件进展信息,放弃非必需的事件进展信息。

⑨信息再分配,确认所有事件进展信息都被正确分配给了各参演单元,然后分流一部分事件进展信息到可以处理它的其他参演单元。

(3)控制预料外响应。原则上,演练中的控制人员和模拟人员应该按照设计团队所编写的演练控制方案来指挥和推进演练的进程。但在实际中,尽管设计人员已尽可能预测参演人员可能的响应并做好准备,但参演人员在实施过程中仍难免有超出预测的预料外响应。而演练实施的原则之一就是允许甚至鼓励参演人员不受演练条件限制的发挥,这一原则虽更有利于参演人员的临场表现,但也意味着产生预料外响应的可能性增大,给演练的控制工作增加负担。此时需要控制人员保持足够的灵活性来适应这种预料之外的行动和决定,发挥主观能动性,自主性地临场编发事件进展信息进行应对和调控,以免干扰演练进程甚至造成演练暂停。

控制人员应分析这种预料外响应,并区别对待,可采取的方法如下。

①进行鼓励。如果一个预料外的响应相对于所设计的预期行动是一种进步,会促进应急预案或方案的完善,那么对具有积极意义的预料外响应就应持鼓励态度。在不影响演练总体进程的前提下,自主性地临场编发新的事件进展信息来适当调整场景进行适应。

②引导回归。如果预料外响应不具有积极意义并可能对既定的演练造成负面影响,控制人员也应自主性地临场编发事件进展信息,来引导演练回归正常的轨道。

③不予调整。控制人员应意识到即使预设场景中出现了少数不在预定程序内的事件也不会影响演练的整体进程和方向。因此,不管是否是有积极意义的预料外响应,控制人都要

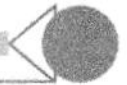

做好准备，在经快速评估和认定预料外响应不会对演练造成影响后，就可在一定程度对其采取“顺其自然”的态度，不用编发自主性事件进展信息进行干涉。

如果演练活动非常紧张，控制人员来不及采取措施，模拟人员也应能够得到相应授权快速作出决定，按照上述原则去响应调整演练行动。

5. 演练场地

(1)场地布局。功能性演练应使用和真实突发事件状态下一样的设施和操作布局，通常是应急指挥中心或其他指挥场所(例如多功能厅)。

(2)房间安排。按照演练的规模大小，功能性演练的房间安排各式不一，基本要求为：

①指挥人员的空间通常配有足够工作空间的桌子；

②模拟人员的空间；

③供评估人员观察的房间；

④供控制人员指挥的空间。

若是一个非常小规模的演练，单个房间足够了。如果演练涉及较多的机构或组织，或测试较多的职能，则强烈推荐单独设置一个模拟员的会议场所，以使他们能方便地发送、接收和追踪事件进展信息并与参演人员开展其他交流。如演练需要，该会议场所还应该装有电话或电台。如果事件进展信息使用手动传递，模拟房间应与参演人员较为邻近。

任何布局都应该和演练的特殊性以及当地可及的场地设施特点相适应。无论哪种布局，参演人员的工作空间都应该提前设计好，保证相关工作设备较易获得。

(3)通信工具。由于实际的应急工作中大量使用通信设备，因此在演练中尽可能多地使用通信工具有利于达到全面模拟的效果，但不必因此排斥纸质版的事件进展信息传递方式。在工作压力下，参演人员的电话占线、出现故障等都是可能出现的问题，控制人员应对此有所准备。

如果演练中电话是首要的通信方式，最好使用现有电话，并准备演练专用电话号码簿并在号码簿中标明通信程序。如主要通信方式不是电话，也可采取模拟电话(向接收者耳语事件进展信息)、手势(参演人员举起手模拟呼叫模拟人员)、模拟的扩音器或电台(模拟人向参演人员大声说话)等方式。

(4)展示性材料。在功能性演练中，各种展示性材料，包括地图、图表、事件进展信息展板和信息列表等均是非常重要的，可用来提供场景的具体信息和保持对行动的追踪。在划分演练的房间分布中，注意确保参演人员容易获得各种地图。一般而言，演练中使用的材料最好是日常工作中的用品。

六、全方位演练

1. 开始时间

全方位演练开始的方式是提前公开宣布或是开展突击性演练，完全取决于演练的目的。对于每位参演人员来说，应以尽量真实的情况作为开始，例如所有参演人员应该通过常规的途径得到告知信息。

2. 输入背景故事

参加现场工作的应急人员必须及时赶赴指定地点，在该地点应已构建好一个模拟突发事件的场景（视频材料表现的背景故事），有待他们进行响应。

通常情况下，突发事件发生时应急管理和决策人员很可能不在应急指挥中心或其他指挥场所，他们应及时赶赴应急指挥中心去履行指挥和协调职责。现场指挥部在事件应对需要时也会建立起来。

3. 演练行动

全方位演练的应对行动发生地点包括应急指挥中心、一个或多个现场和相关的现场指挥部。与真实应对相同，发生在事件现场和现场指挥部的行动就是作为应急指挥中心所需响应工作的输入。

演练指挥可以通过各种方式保持行动的持续，包括输入提前编写好的事件进展信息、从现场发回需要应急指挥中心行动的事件进展信息和行动、对各种事件进展信息和行动的预料外响应等。

虽然应急相关的行动并不总是需要启动应急指挥中心来统一指挥，但应急管理和决策人员还是必须和现场指挥部的指挥者进行协作。现场指挥部既可以按照场景要求，通过电台或电话传递一系列预先编好的事件进展信息，也可以监控事件的发展和传递自主性事件进展信息。

综上我们可以看到，虽然全方位演练有现场元素，但本质上是为应急管理系统或应急指挥中心服务的配角，后者才是全方位演练的主角。因为各项现场工作应在操练中基本得到检验和完善，不需要通过全方位演练这种消耗巨大的复杂演练来检测。全方位演练和功能性演练一样，演练的重点仍是应急管理系统的整体表现和指挥控制的核心功能的测试，现场元素只是给这种测试增加了真实度和迫切度。

4. 演练场地

（1）突发事件现场。演练地点取决于演练所需的场景和模拟的突发事件类型。例如，如果模拟事件是交通事故，那么事件现场应包括国省干线或高速公路。大部分事件还包括附加演练地点，即次生事件的地点，如避难所、临时安置点等，现场指挥部也应该建立在突发事件现场的周边。实际上，全方位演练较为复杂的原因之一就是行动需要在各类地点展开，而所有的地点都必须进行协调。

（2）应急指挥中心。应急指挥中心或其他指挥场所的行动或响应是全方位演练的核心。应急指挥中心的作用是为应急管理和决策人员、辅助决策人员提供一个决策和协调的平台，以保证高效和有序的应急响应。

以公路养护系统为例，突发事件的发生给该系统施加了压力。搜集核实信息、作出决定和指挥实施，都需要各方面负责人之间紧密协调。最好的协调方式就是把应急管理和决策人员集中在一起进行讨论，使得许多单独部门不可能或很难完成的任务有望得以快速实现。

通过集中,信息能够统一地进行搜集、核实和记录,应急管理和决策者能够及时合理地调动资源,指令和控制能被有效管理,决策者间可以协调行动和决定,也更容易确定优先需要采取的行动。

5. 其他事项

全方位演练是对逻辑思考过程的极大考验,很容易忽视细节。设计人员应该亲赴现场或在大脑中进行"现场考察",有助于使设计思维过程清晰又富有创造性。通过实地考察,可以确定潜在的问题并作出更贴近实际的计划。在大脑中评价场景时,应考虑诸多因素,包括场地的选择、场景的管理、人力和应对资源的配置、应急能力、安全保障、保险的覆盖情况、紧急终止以及媒体利用等。

(1)场地的选择。全方位演练需要动员人员和资源到现场,因此需确保空间充足,故模拟事件现场的场地应尽早确定。同时,场地的真实性也尤为关键,因为只有令人信服的突发事件才能引发出更有力的协助和参与。

①充足的空间。空间是否足够容纳所有的参演人员和评估人员,是否有空间供所有参演人员和观摩人员的车辆停泊。

②场地的真实性。演练现场应可能贴近实际,同时没有日常交通的干扰甚至造成安全隐患。例如模拟危化品泄漏事件时,场景设计如果是一辆装载有毒化学品的货车在高速路上倾翻,就不能占用交通高峰期,需要选择一个类似的场地进行模拟。

(2)场景的管理。管理场景涉及多个方面,包括现场后勤、场景仿真度、受害者数量、道具和材料管理以及控制人员数量。

①现场后勤。参演人员的安置地点,如果有移动应急指挥中心或现场指挥车,应明确其停靠地点。

②仿真度。如何模拟突发事件(例如:要模拟火灾,需怎样制造烟雾;如何模拟溢出的化学物质、破碎的玻璃;如何模拟洪灾的破坏;如何模拟桥梁受损、路面塌陷和受损车辆)。

③受害者数量。这种类型的突发事件需要多少受害者,医院或其他机构组织接纳受害者的能力,既往事件表明的疾病或伤害的种类和数量。

④道具和材料。需要哪些种类的道具和材料来模拟伤害、损坏和突发事件的其他效果(例如:受损车辆、人体模型和沙土材料)。

⑤控制人员。需要多少控制人员来管理演练现场(在一个多场地的演练中,每个场地都至少需要一个控制人员)。

(3)人力和资源配置。根据演练场景的需要来决定应该包括多少参演人员(含志愿者),需要多少和哪些种类的装备以及潜在花费。在测算人力和资源需求时应考虑以下因素。

①需要多少参演人员?在资源有限的情况下,可考虑缩短演练以使更多人可以参与。

②需要多少志愿者(场景设置、受害者扮演、公众扮演)?

③如果超时需要支付多少经费?

④需要哪些种类的装备？

⑤每种装备各需要多少件？

⑥车辆和装备需要多少燃油？

⑦需要哪些类型的材料和办公用品，如何获得？

⑧花费：加班费、车辆和装备燃油费、材料和供应品费用等。

使用真实应对所用的设备、装备对保持场景的真实性很有必要。尽管应急管理者需要考虑在开展演练的同时是否足够应对可能真实发生的突发事件，但不应以此为由让参演人员不使用真正突发事件情况下会使用的装备，而用备用或模拟装备代替。

(4)应急能力。要考虑到演练会使参演机构或组织的真实应急能力暂时性削弱，应为此做好相应准备，对此建议如下。

①力求有足够的人力和资源，在真实突发事件发生时可以继续履行职责。

②必要时，紧急终止演练。

③考虑使用二线人员或取得其他机构和组织间的支持。

(5)安全保障。总体的安全是全方位演练中必须绝对保证的事。从演练设计到演练实施，安全意识都必须贯穿始终，以保证安全隐患及时被发现和消除。应指派一名安全人员，其首要职责是从安全角度分析整个演练。可采取的措施建议如下。

①在进行演练设计时，将安全保障作为一项重要工作和内在要求。

②要求每个演练设计成员在其所负责的演练项目范围内测试安全性。

③提前确定所有的安全危害并予以解决。

④在演练前的介绍中强调安全注意事项。

⑤把安全因素包含在模拟人员和评估人员的工具包中。

⑥演练前实地检查每个演练场地，以确保均采取了安全保障措施。

⑦确保安全人员在出现安全问题时有权力终止局部行动，甚至是整个演练。

(6)保险和赔偿。对于人员受伤和装备受损导致赔偿的可能性，应预先从法律和经济方面予以重视和提前考虑。

(7)紧急终止演练。持续时间较长的演练期间可能发生真实的突发事件。因此，需确保留有足够人力去应对常规问题，必要时可停止演练去应对规模较大的真实突发事件。每个演练都应该事先制定好终止程序并在演练前进行测试，以保证人员和装备能顺利返回常规状态。控制人员和安全人员均能通过该程序终止演练。

(8)媒体利用。全方位演练无论规模大小都会吸引媒体的注意。如果演练设计较好，媒体的报道就很可能是正面的，因此在演练设计过程中应考虑媒体反应。媒体的报道将非常有助于通过单次演练而获得对整体演练规划的支持，同时媒体在场也会增加演练的真实感。因此，需提前考虑好媒体人员的工作地点，便于他们开展相关工作。

第五章　公路交通突发事件应急演练实例

第一节　××省公路交通防汛减灾综合应急演练

一、演练方案

为检验《××省公路交通突发事件应急预案》的有效性、实战性和装备的适应性，验证公路突发事件快速应急体系的各项功能，磨合应急指挥体系，锻炼应急队伍，有效应对和处置公路突发事件，全面提升××省公路交通系统有关部门对突发水毁灾害的应急响应、协同联动及应急处置能力。根据××省交通运输厅的总体部署，由××省公路管理局组织承办本次全省公路交通防汛减灾综合应急演练。

结合××省公路突发事件应急处置现状，以及现有公路突发事件应急处置能力，特制订本次演练实施方案。本方案全面描述了演练的计划安排，具体包括演练人员手册（含保障方案）、演练控制指南、演练评估手册。本方案可作为此次演练前期准备工作和演练期间控制引导的指南。

1. 演练组织机构

演练主办单位：××省交通运输厅

演练承办单位：××省公路管理局、××省××市人民政府

演练技术服务单位：××应急管理咨询有限公司

1）演练筹备组织机构

（1）演练筹备领导小组。

为强化本次公路突发事件应急演练工作的组织领导，成立××省××年公路交通防汛减灾综合应急演练筹备工作领导小组。负责应急演练筹备工作的组织领导、部署、检查、指导和协调应急演练各项准备工作。

组　长：×××　　　××省公路管理局局长

副组长：×××　　　××市人民政府市长

（2）策划部。

策划部负责应急演练策划、演练方案设计、演练实施的组织协调、演练评估总结等工作。

总　策　划：×××　　　××省公路管理局副局长

副 总 策 划：×××　　　××应急管理咨询有限公司总工程师

文案组组长：×××　　　××应急管理咨询有限公司策划部部长

协调组组长：×××　　××省公路管理局办公室副主任

控制组组长：×××　　××应急管理咨询有限公司总工程师

宣传组组长：×××　　××省公路管理局宣教处处长

(3)保障部。

保障部负责调集演练所需物资装备、车辆和人员，配合策划组布置模拟情景，准备演练场地及场地电力、网络、卫生等，维持演练现场秩序，保障参演人员生活和安全保卫等。

保障部部长：×××　　××省公路管理局办公室主任

(4)评估组。

评估组负责设计演练评估方案和演练评估报告，对演练准备、组织、实施及其安全事项进行全过程、全方位评估，及时向演练领导小组、策划部和保障部提出意见、建议。本次演练评估组由交通系统内专家和外聘专家共××人组成。

2)应急响应演练组织体系及职责

(1)综合协调组。

根据演练目的，结合应急响应实际情况，本次应急演练启动《××省公路交通突发事件应急预案》。由××省××年公路交通防汛减灾综合应急演练领导小组负责统一指挥、决策、指导和协调等应急响应工作。××省公路交通防汛减灾综合应急演练组织机构如图5-1所示。

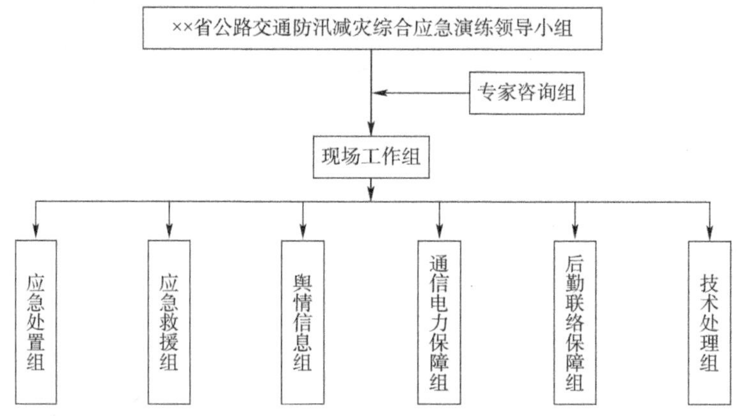

图5-1　××省公路交通防汛减灾综合应急演练组织机构图

组　长：×××　　××省公路管理局局长

副组长：×××　　××省公路管理局副局长

职　责：领导公路交通防汛减灾应急演练工作，负责指挥水毁灾害应急响应、处置、报告和终止等工作，研究确定应急演练重大决策和指导意见，领导、组织、协调整个应急演练行动和相关信息发布以及舆论的引导和监控工作。

××省公路管理局接到省厅通知后，立即召开会议，研究确定了××省公路管理局××年防汛减灾综合应急演练各领导小组和工作职责。

(2)现场工作组。

组　长：×××　　××省公路管理局副局长

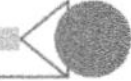

副组长：×××　　　××省××公路管理局党委书记

成　员：×××

职　责：负责贯彻落实演练应急指挥部的指令，综合协调与有关部门的联络和信息交换工作，安排部署现场演练的各项工作。

(3)专家咨询组。

组长单位：××省公路管理局安监处

成员单位：×××

职　　责：负责为水毁灾害应急演练指挥部决策提供科学依据，为演练应急准备、应急响应、现场处置、抢险救援、现场防护及善后处理等提供技术支持，必要时向应急演练指挥部提出建议，为各应急小组提供技术咨询。

(4)应急处置组。

组长单位：××省××公路管理局

成员单位：×××

职　　责：承担水毁灾害现场道路保通、警戒与封闭、安全保卫、交通秩序维持等工作。

(5)应急救援组。

组长单位：××省××公路管理局

成员单位：×××

职　　责：模拟对受水毁灾害影响的人员、车辆实施应急救援，对受影响的公路、桥梁、涵洞实行应急处置；根据需要和指令，协调、调动灾区周边市、县各界力量给予援助；为应急演练区域提供不间断的气象信息；向舆情信息组反馈水毁灾害对灾区造成的影响。

(6)舆情信息组。

组长单位：××省公路管理局

成员单位：×××

职　　责：负责媒体记者、网络舆论的组织、管理、协调和引导工作；收集有关水毁灾害相关的资料信息，及时向××省政府应急办和××省交通运输厅应急办报告；开展水毁灾害应急演练期间的公众宣传和专家解读，应对媒体采访和公众咨询，做好新闻宣传报道；做好演练会场展板布设，包括展板内容收集、版面设计、现场布设等工作。

(7)通信电力保障组。

组长单位：××省××公路管理局

成员单位：×××

职　　责：负责演练中所有通信器材的配置，保障信息及时、准确传递，确保演练期间通信畅通，电力供应正常。

(8)后勤联络保障组。

组长单位：××省××公路管理局

成员单位：×××

职　　责:负责联系参演单位和观摩人员的行程,安排食宿,做好接待及演练期间人员的车辆安排、个人防护用品供给等后勤保障工作。

(9)技术处理组。

组长单位:××省××公路管理局

成员单位:×××

职　　责:负责无人机巡查、信息画面传输和其他技术处理工作。

2.演练时间地点

1)演练时间

××年×月×日。各参演单位于当天上午8时到达演练现场。

2)演练地点

(1)演练现场:××省××市××县××镇S608线K18+800、××省××市××县S705线K66+897、××省××市××区G710线K1391+700三处路段作为事故发生、现场调查、应急处置场所。

(2)演练主会场:××市××县××镇S608线K18+800处作为本次演练主会场,同时作为现场工作组、应急处置组、应急救援组、通信保障组、后勤联络保障组、技术处理组的行动场所。

(3)指挥部:现场指挥部(现场工作组)场所依据××县××镇演练地点临时设置,可使用应急指挥车。现场指挥部负责现场指挥调度,协调处理现场应急处置过程中发生的问题。

(4)评估总结场所:××市××县××镇。应急现场指挥部、参演单位负责人、评估人员、应急响应人员于演练结束后立即召开演练总结评估会议,并向××市政府、省厅、局上报演练评估报告。

3.参演队伍

1)参演单位

依据应急预案的规定,本次演练参演单位如下。

××市政府办公室、××县政府、××市卫生健康委、××市民政局、××市交通运输局、××市应急管理局、××市自然资源局、××市生态环境局、××市文化和旅游局、××市气象局、××市公安局交警支队、××市消防救援支队、××省××公路路政执法管理处、××省××高速公路管理处、××电信公司、××供电公司、××应急管理咨询有限公司。

根据《××省公路交通突发事件应急预案》要求,结合演练工作实际,参演单位职责明确如下。

××省公路管理局:负责应急演练方案的审定和应急演练远程指挥。

××省××公路管理局:负责应急演练的组织、协调以及准备、导控、实施等工作;编制应急演练实施方案、导控方案等;向省交通运输厅和省公路管理局上报实施方案,负责演练期间的人员、车辆组织协调;负责演练的人员调配及物资支持。

联动演练单位职责如下。

××市政府办:负责协调各协助联动单位,参与演练的导调工作,并对本次演练作出指导。

××县政府:负责××县××镇演练区域的相关协调工作和当地群众安置救援工作。

××市卫生健康委:负责协调 S608 线 K18 +800 处和 S705 线 K66 +897 处演练现场卫生医疗模拟应急救助,指导演练现场人员的医疗救治。

××市民政局:负责指导模拟灾后救援的相关事宜。

××市交通运输局:负责地方政府、相关部门和××公路管理局的沟通、联络。

××市应急管理局、××市生态环境局:负责危化品交通事故救援演练的技术指导和应对处置。

××市自然资源局:负责 S608 线 K18 +800 处和 S705 线 K66 +897 处山体塌方现场地质灾害风险等级评估和监测。

××市文化和旅游局:负责协调媒体做好应急演练区域的模拟新闻报道,正确引导舆论。

××市气象局:提供各应急演练区域不间断的气象信息。

××市公安局交警支队:负责各应急演练现场交通管制工作。

××市公安消防救援支队:负责 S608 线 K18 +800 处危化品交通事故消防救援和 S705 线 K66 +897 处塌方体掩埋车辆救援工作。

××省××高速公路管理处:负责组织实施 S705 线 K66 +897 处山体塌方被困人员车辆救援和 S608 线 K18 +800 处危化品交通事故车辆清理。

××省××公路路政执法管理处:协助模拟水毁区域路产损失调查,协助物资通道开辟过程中的交通疏导,配合应急救援车辆进入灾区;负责演练现场道路保通、警戒与封闭、安全保卫、交通秩序维持等工作。

2)指导单位

××市人民政府、××省交通运输厅对演练全过程进行指导、评估。

3)技术支持单位

××电信公司:负责提供必要的技术力量和技术手段,确保演练期间各演练区域网络运行良好,数据传输正常,制订针对突发通信故障的抢修方案,落实抢修人员和抢修设备,演练期间安排 1 辆通信应急车到场。

××供电公司:负责现场勘查各演练区域供电线路,演练期间不安排该线路上的设备检修和运行方式切换,保证可靠供电,如遇供电中断时,及时启用备用发电车。

××应急管理咨询有限公司:负责演练策划和全面技术支持工作。

4. 演练内容

1)演练名称

××省公路交通防汛减灾综合应急演练。

2)演练级别

根据交通运输部公路突发事件应急预案、××省突发公共事件总体应急预案,结合演练目的和要求,确定本次演练级别为重大事件,响应级别为Ⅱ级。

3)演练依据

本次演练的主要依据如下:

《中华人民共和国突发事件应对法》《公路交通突发事件应急预案》《××省突发公共事件总体应急预案》《××市突发公共事件总体应急预案》《××省公路交通突发事件应急预案》《××省××公路管理局公路交通突发事件应急预案》。

4)演练目的

(1)检验预案。通过开展应急演练,检验突发事件应急预案的完整性和有效性,确定预案对××省公路突发事件应急准备和应急响应的适用性。

(2)完善体系。通过演练行动,强化部门职责,完善应急指挥组织体系。

(3)磨合机制。加强相关部门及单位协调、接口与行动,理顺工作关系,提高协作能力,完善应急机制。

(4)规范程序。全面检验各应急组织响应程序的规范性、合理性,对存在的不足进行调整。

(5)检验保障。通过演练行动,检验信息畅通、物资保障和后勤保障工作。

(6)锻炼队伍。增强演练单位和人员对应急预案、响应程序的熟悉程度,提高应急响应能力。

(7)完善准备。检查突发事件应急人员、物资、装备、技术等方面的准备情况,发现不足及时予以调整补充和完善。

(8)科普宣传。推动公众对公路突发事件应急知识的认识和了解,加强宣传和舆情引导,促进全社会对公路应急工作的认知度和信任度。

5)演练情景概述

(1)演练背景资料。

××市地处××省东南部,东西长197km,南北宽122km,总面积14325km^2。该地区是水毁灾害易发地区,且近年来水毁灾害有增加的趋势。由于该地区地质环境复杂、降雨集中等,所以水毁对区域经济发展和人民生命财产安全造成了重大隐患。

本次××省公路交通防汛减灾综合应急演练以此为背景,假设××年10月份以来,××地区持续出现强降雨天气,导致境内多条国省干线公路发生山体塌方、河水冲毁公路构造物等自然灾害。11月×日,S705线K66+897处发生山体滑坡,道路中断,一轻型客车被掩埋在滑坡体下。G710线K1391+700处因泥石流造成涵洞受损,涵洞盖板被大型货车压断,造成货车陷入涵洞,道路交通中断。与此同时,××县××镇××村因强降雨导致通往外界的桥梁被洪水冲毁。该村400多人需紧急转移,急需在桥梁冲毁下方搭建一条生命通道。S608线K18+800处一辆装有危险化学物品的大型运输车由于发生车辆追尾交通事

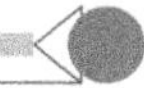

故，造成危化品泄漏，追尾车辆驾乘人员被困，情况危急，急需救援。

(2)应急准备。

应急准备主要展示水毁信息接报、应急响应、灾情侦察与判断、任务下达与物资调集等环节。

××省××公路管理局应急办公室接到灾情信息后，立即通过电话向局主要领导和分管领导汇报灾情，并电话上报××市政府应急办公室和××省公路管理局应急办公室，同时将相关情况通报××市公安局交警支队、××高速公路管理处、××公路路政执法管理处等相关单位。

省公路管理局接到××公路管理局报告后，上报××省交通运输厅，××省交通运输厅启动Ⅱ级响应，并要求××省公路管理局迅速查明灾情，全力确保救灾生命线畅通。××省公路管理局成立了以×××局长为组长，省公路管理局副局长×××为副组长，各处室负责人为成员的××省公路交通防汛减灾应急抢险领导小组。在省公路管理局领导下负责组织、协调、指挥公路部门应对此次水毁应急保畅工作；同时成立现场应急工作组，由省公路管理局副局长×××任组长，负责指挥、调度现场救援队伍开展救援工作。

××省××公路管理局接到抢险救灾任务后，迅速召开应急处置部门联席会议：一是成立××公路部门防汛救灾现场工作组，开展应急处置工作。二是为防止次生灾害发生，对中断路段周边各条道路非救灾车辆实行临时交通管制。三是迅速展开道路受损情况排查。指派高等级公路养护中心(简称高养中心)，各公路管理段巡查车辆、人员上路巡查，查看道路情况；指派技术人员使用六旋翼无人飞行器，对灾害地域实施空中侦察，查看道路、桥梁、涵洞有无明显受损，有无车辆受损等情况。四是要求公路管理局应急保障中心迅速集结应急物资、机械设备及人员前往××县××镇。五是××公路管理局领导分头前往各灾害现场，进行应急处置工作。

××市政府应急办公室回复：已通知××市卫生健康、民政、应急、国土、环保、气象、公安交警、消防等单位迅速前往灾区进行救援。

现场工作组经会商并请专家组，由应急指挥车及时把现场情况，通过车载卫星系统传回省公路管理局指挥中心，并对现场通信进行组织、管理和控制，让使用各种终端的工作人员统一协同工作，使指挥中心的指挥决策人员及时获得现场信息，提高决策的准确性和及时性。

现场工作组经会商并请专家组对抢险救援方案进行评估指导后决定：一是由技术处理组使用无人机对灾害现场和周边道路进行巡查，及时将救援全程画面实时传送至指挥部，为指挥决策提供第一手资料。二是S705线K66+897处山体滑坡处置由局高养中心负责，迅速清理塌方，恢复交通，并协助市卫生健康委、市公安消防救援支队和××高速公路管理处救援被困车辆及人员。三是G710线K1391+700处涵洞盖板被大型货车压断，由××公路管理段负责，迅速架设盖板抢通道路，恢复交通。四是S608线K18+800处桥梁损坏，由局××公路管理段负责，在冲毁桥梁下方架设大口径波形钢管，尽快打通救援通道，并协助××县政府、××市民政局转移安置受灾群众。五是应急物资调运由公路管理局高养中心负责，危化品车辆事故由××公路管理段协同××市卫生健康、应急、环保、公安交警、消防部门负责管制周边通行车辆，快速处理事故，抢救被困人员，清理事故现场路面。六是各救援力量注意观察，防止次生灾害发生，要求各部门迅速行动，密切协作，确保应急处置安全并做好善后清理工作。

（3）演练科目设置。

此次演练以水毁应急演练案例为参照，以水毁造成河道堵塞、道路中断、车辆滞留、人员被困、危险化学品泄漏等重大灾害为背景，采取信息传输、交叉演示的方法，重点围绕应急情况接报与响应、抢通组织与实施、人员救助、应急物资调运、架设波形钢管、处置水毁滑坡、危险化学品监测与消防等科目展开综合演练。

科目一：情况接报。

科目二：应急响应。

科目三：灾情侦察与判断。

技术处理组接到指挥部指令后，立即组织队伍赶赴灾害现场开展灾情侦察与判断，使用无人飞行器，对受损路段现场灾情进行空中侦察和勘测，将救援全程画面实时传送至指挥部，为指挥决策提供第一手资料。

科目四：应急物资调运。

××公路管理局高养中心接到紧急调运应急物资的命令后，立即组织运输车辆，从应急物资库房装载雨衣雨鞋、洋镐铁锨、标志标牌、防护用品、发电机、照明车等应急物资，赶赴各受灾现场。

科目五：开辟救援通道（架设波形钢管）。

S608 线 K18 + 800 处××村××桥被洪水冲毁，发生严重断裂。根据国土部门勘测，当地背靠山体不稳定，可能发生滑坡、泥石流灾害，该村 90 余户 400 多人被困无法转移。××市政府要求公路部门迅速抢通道路，转移被困群众，保障人民生命财产安全。××公路管理局××公路管理段接到局应急指挥部指令后，立即组织抢险队伍赶赴受灾现场，架设波形钢管，打通生命通道，并协助××县政府、××市民政局转移安置被困群众。

科目六：架设盖板抢通道路。

G710 线 K1391 + 700 处因泥石流造成涵洞受损，涵洞盖板被大型货车压断，货车陷入涵洞，道路交通中断急需救援。××公路管理段接到命令后，立即组织抢险队伍赶赴现场，进行架设盖板，快速抢通受阻路段，设立警示标志，指挥车辆通行。

科目七：滑坡体处置，被困人员搜救。

S705 线 K66 + 897 处发生滑坡，长 23m、宽 10m、平均高度 10m，滑坡体塌方量约为 2000m^3，道路中断，有一轻型客车被掩埋在滑坡体下，车上人员被困。××局高养中心接到命令后，迅速组织抢险人员、机械设备赶赴现场，进行滑坡体清理；××市卫生健康委、公安消防救援支队、××高速公路管理处接到指令后立即组成救援队赶赴现场，为了在最短的时间内救出被困人员，救援队用生命探测仪来确定被困人员的准确位置，使用挖掘机、千斤顶、液压钳、组合撬棍、组合式救援柱等进行营救，医护人员立即进行急救工作，并把伤者抬上救

护车迅速送往××市人民医院抢救。

科目八:危险化学品监测与消防。

S608 线 K18 +800 处,一辆装有液氨的槽罐车因被后方一辆轻型客车追尾,引发车载液氨泄漏,驾乘人员被困,轻型客车内 2 人受伤,其中 1 人受重伤。××市卫生健康、应急、生态环境、消防救援等部门接到命令后,立即展开行动。现场环保人员采用多组分气体测定仪检测空气中的氨气浓度,发现空气中氨气的浓度较高,若不立即处理将造成二次事故。消防员利用开花水枪、排烟机、喷雾水枪对泄漏车辆氨气进行稀释。同时,医务人员对伤员进行抢救后用担架抬出现场运往××市人民医院。

科目九:新闻发布

由新闻发布人员及时发布灾区气象信息、灾区救援信息以及灾区道路通行情况。

(4)总结。

地点:应急演练现场。

演练科目进行完毕后,进行专家现场点评和主要领导总结讲话。

5. 演练保障

1)人员保障

本次应急演练参演人员预计 200 人。在演练前需要对参演人员进行培训,包括以下内容。

(1)省公路交通突发事件应急预案及实施程序。

(2)演练实施方案及演练脚本。

2)应急设施设备保障

确保下列应急设施设备在演练前可用。

(1)××省××公路管理局负责快速响应车辆、工程机械设备、无人机、防护用品、应急演练区域划分标识及内部通信工具、警戒标识的准备。

工程机械:挖掘机 5 台、装载机 6 台、30t 起重机 1 台、自卸车 12 辆、平板拖车 5 台、炊事车 1 辆、宿营车 1、指挥车 5 辆、道路巡查车 3 辆、通勤车 5 辆、清扫车 2 辆、清障车 1 辆、发电机组 4 台、移动照明灯 4 台。

现场视频采集、通信设备等其他器材:包括对讲机、车载移动视频、录像、照相器材等。

(2)××市公安消防救援支队准备相应车辆及应急救援的相关设备。

(3)××市卫生健康委准备救护车辆及救护相关器械。

(4)××电信公司准备通信的车辆及相关设备。

(5)××供电公司准备应急供电车辆及相关设备。

(6)××高速公路管理处准备救援专用机械设备。

3)应急文件保障

(1)各类与公路交通突发事件评估相关的法律法规标准和技术文件。

(2)公路交通突发事件应急相关文书、报表。

(3)××县演练区域地图(电子版和纸质版)、演练地点周围情况资料(包括人口分布、气候、地形等)等。

4)演练安排

演练分部门单项预演、各部门联合预演和正式演练三个步骤,具体安排如下。

(1)部门单项预演。各部门根据演练工作计划安排单项预演时间,在9月×日前完成单项预演。

(2)多部门合演。10月下旬组织两次全程序、全要素预演,可采用分地点、分时段,针对公路系统突发事件应急演练指挥部、公路系统突发事件发生地两个地点,分别组织多部门合演,完成演练工作。

(3)正式演练。时间定在××年11月×日。

为更好地完成演练的监控引导和评估,在演练开始前3日,由××省公路管理局主持,在××公路管理局召开演练动员会议,检查最后的准备情况。演练结束后立即召开演练总结评估会议。

5)演练地形图

按要求准备演练所需地形图。

6)观摩安排

参加此次应急演练观摩的有××省政府应急办公室,××市政府,××省交通运输厅、××省公路管理局领导及相关处室负责人,省属各公路管理局领导,××县政府领导,××市医疗、民政、交通、应急、国土、环保、文广、气象、交警、消防、电信、供电单位负责人,××公路管理局,××公路路政执法管理处,××高速公路管理处领导,人数控制在100人以内。

二、演练脚本

1. 演练情景概述

××年10月份以来,××地区持续出现强降雨天气,导致境内多条国省干线公路发生山体塌方、河水冲毁公路构造物等自然灾害。11月×日,××公路管理局公路养护职工在道路巡查时发现S705线K66+897处发生山体滑坡,道路中断(演练第二现场)。塌方现场群众反映有一轻型客车被掩埋在滑坡体下,车上人员被困。××公路管理局××公路管理段在巡查时发现G710线K1391+700处因泥石流造成涵洞受损(演练第三现场),涵洞盖板被大型货车压断,造成货车陷入涵洞,道路交通中断。接到道路阻断信息后,××公路管理局立即启动公路交通突发事件应急预案,派出先遣人员进行现场勘查。与此同时,××公路管理局接市政府指令,××县××镇××村因强降雨导致通往外界的桥梁被洪水冲毁(演练第四现场)。因该村居民房屋依山体而建,国土部门监测,山体极易发生塌方,该村90余户400多人生命财产安全受到严重威胁,急需在桥梁冲毁下方搭建一条生命通道,迅速转移村民。半小时后,接巡查人员报告,S608线××路K18+800处一辆装有危险化学物品的大型运输车由于发生车辆追尾交通事故(演练第一现场、主会场),造成化学品泄漏,追尾车辆驾

乘人员被困,情况危急,急需救援。××省政府、××市政府、××省交通运输厅立即启动应急预案,要求各相关单位采取措施,以最快速度进行应急处置。

2. 演练地点说明

1)演练场地设置

第一现场:××省××市××县××镇 S608 线 K18+800 处。

第二现场:××省××市××县 S705 线 K66+897 处。

第三现场:××省××市××区 G710 线 K1391+700 处。

第四现场:××县××镇××村村道。

2)演练主会场设置

××市××县××镇 S608 线 K18+800 处作为本次演练主会场。同时作为现场工作组、应急处置组、应急救援组、通信保障组、后勤联络保障组、技术处理组的行动场所。

3)指挥部

现场指挥部(现场工作组)场所:在××县××镇演练地点临时设置,采用应急指挥车。

3. 演练程序

(1)参演人员及车辆在各自指定位置待命。

(2)主持人介绍嘉宾、介绍参演单位。

(3)现场指挥长报告演练准备情况,演练总指挥宣布演练开始。

(4)各参演队伍按导控指令逐步完成演练。

(5)各参演队伍及参演人员回到指定位置集合列队。

(6)省交通运输厅领导点评。

(7)省公路管理局领导总结讲话。

(8)演练结束,各单位返回。

4. 演练控制规则

(1)演练过程情景的输入、模拟监测参数的提供、演练节奏的控制和引导由控制组来承担。

控制组由××公路管理局、××应急管理咨询有限公司共 6 名人员组成,设总导控 1 名,指挥部导控员 1 名、演练现场导控员 4 名。

总导控的任务是启动初始条件,模拟外部应急机构和新闻媒体,同时导控和引导演练过程按照预定的情景发展。导控员随时监控和记录各个应急组和应急人员的应急响应行动,必要时可以提供帮助。负责宣传监测组的导控员任务是监测现场提供模拟的数据,在现场监测人员根据指令完成相应的监测任务并记录后,提供模拟的监测参数用于评估。

控制组按照演练方案、情景设计拟制演练不同时段、环节导控单元,熟悉演练脚本,准确把握导控时间节点,并借鉴演练评估方案,引导演练按照既定方案展开。

(2)参演队伍每队设置 1 名通信员,使用演练内部通话系统接听、传递控制组指令,各组按控制组指令开展应急处置。

(3)控制组经演练领导小组同意可随机增加或减少场景,以检查应急组织对预案的熟悉程度。

5. 控制人员组织机构与职责

1)策划组

总策划:×××

成　员:×××

职　责:负责演练准备、演练实施、演练总结等阶段各项工作的组织与实施。

2)控制组

总 导 控:×××

执行人员:×××

职　　责:在演练实施过程中,在控制组组长的直接指挥下,向演练人员传送各类控制消息,引导应急演练进程按计划进行。

3)播控组

播控组组长:×××

职责:负责现场摄录设备统一指挥,按演练进程调动摄像机位,引导演练按计划进行。

6. 演练场景控制清单

依据演练控制需求,制定演练场景控制清单(表5-1)。由控制组负责场景切换、信息传递、展示时间控制等工作。

演练场景控制清单　　表5-1

场　景	时间	位　置	执 行 人	执 行 内 容	持续时间
演练准备	9:50	四个演练场地	各参演单位	集结待命	1min
开始解说	9:51	主会场	解说员	介绍演练情况	2min
主持介绍	9:53	主会场	主持人(××公路局)	介绍参演队伍和人员及演练任务分工	4min
领导致辞	9:57	主会场	××市市长	动员讲话	3min
演练宣起	10:00	主会场	现场指挥长	报告演练准备情况	1min
			演练总指挥	宣布演练开始	
发现险情与上报	10:01	播控室	播控组	播放事件发展与上报环节短片	6min
成立现场指挥部	10:07	主会场	现场总指挥	指挥车到达,发布指令	1min
险情侦察及报告	10:08	一号区	1队巡查员	起飞无人机并回传画面,报告桥梁被毁,400余人需转移	1.5min
		四号区	4队巡查员	起飞无人机并回传画面,报告山体滑坡轻型客车被埋险情	1.5min
		三号区	3队巡查员	起飞无人机并回传画面,报告泥石流漫延,涵洞盖板被损	1.5min

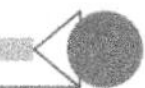

续上表

场　　景	时间	位　　置	执　行　人	执行内容	持续时间
现场侦查开始作业	10:13	一号区	1 队指挥员	到达现场勘查，报告情况，专家建议埋设波纹管	1min
	10:14	一号区	1 队指挥员	调集人员设备铺设钢波纹管涵	3min
	10:17	四号区	4 队指挥员	到达现场，报告情况，开始山体滑坡现场救援	3min
	10:20	三号区	3 队指挥员	到达现场勘查，报告情况，开始清理泥石流体	3min
	10:23	主会场	现场总指挥	向应急抢险领导小组报告各区应急情况，并报告新发现的二号区危化品运输事故请求支援	1min
危化品泄漏处置	10:24	二号区	交警、路政、气象、国土、消防、卫健部门	相继到达，向现场指挥部报告，接受指令开始救援	4min
	10:28	二号区	消防队	设置水枪阵地	1min
	10:29			堵漏	2min
	10:31			救援被困人员	2min
	10:33	二号区	卫生健康委	现场紧急救治伤员，转送医院治疗	2min
	10:35	二号区	交警	清理事故车	3min
铺设钢波纹管涵	10:38	一号区	1 队	铺设钢波纹管涵	2min
山体滑坡被埋压人员救援	10:40	四号区	国土专家	向现场指挥部提出救援建议	1min
	10:41	四号区	交警、路政	到达现场实施警戒	1min
	10:42	四号区	高速公路救援大队	探测生命体征，搜寻被埋压人员，破拆救人，救出 2 人	4min
各区完成救援任务	10:46	三号区	交警、路政	到达现场实施警戒	1min
	10:47	三号区	3 队	架设盖板和帆布钢网，滞留车辆通行	2min
	10:49	四号区	卫生健康委	转送伤员	1min
	10:50	四号区	清障大队	拖离事故车辆	1min
	10:51	一号区	1 队指挥	报告应急便道完成，转移疏散被困群众	4min
	10:55	一号区	1 队指挥	搭建救灾帐篷，安置撤离的群众	3min
	10:58	四号区	4 队指挥	引导滞留车辆通行	1min
	10:59	四号区	4 队指挥	集结队伍至抢险应急餐车和宿营车就餐、休息	2min

续上表

场　　景	时间	位　　置	执　行　人	执 行 内 容	持续时间
信息发布	11:00	主会场	舆情信息组	发布应急信息	2min
总结与点评	11:02	四个演练场地	各参演单位	再次集结，各区指挥员依次向现场指挥部报告救援情况	1min
	11:03	主会场	××省公路管理局局长	作演练点评	3min
	11:06	主会场	××省交通运输厅厅长	作总结讲话	4min
	11:10	主会场	主持人	宣布演练结束，开始新材料、新设备观摩会	

三、演练评估手册

1. 演练概述

1）演练情景描述

S705 线 K66 +897 处发生山体滑坡，道路中断。一轻型客车被掩埋在滑坡体下，车上人员被困。进行滑坡体清理、人员搜救科目演练。

G710 线 K1391 +700 处因泥石流造成涵洞受损，盖板被大型货车压断，造成货车陷入涵洞，道路交通中断。进行架设预制盖板、泥石流体清理、铺设帆布钢网科目演练。

××县××镇××村通往外界的桥梁被洪水冲毁，该村后山有塌方危险，该村 90 余户 400 多人生命财产安全受到严重威胁，需迅速转移村民。进行架设钢桥或铺设波纹管涵、人员紧急疏散科目演练。

S608 线××路 K18 +800 处一辆危化品运输车被追尾致化学品泄漏，追尾车辆驾乘人员被困。进行交通管制、喷淋抑爆、工程堵漏、人员救援科目演练。

2）主要应急行动

本次演练涉及以下应急行动。

（1）应急动员：逐级上报突发事件信息，各级应急组织在规定时间赶赴现场（所有参演应急组织实施）。

（2）指挥和控制：应急指挥部、现场指挥部依据预案指挥、协调和控制应急响应活动（应急指挥部、××省公路局实施）。

（3）事态评估：应急指挥部获取事件信息，判断事件影响范围及其潜在危险，判定响应级别（××省公路局、××市政府实施）。

（4）资源管理：动员和管理应急响应行动所需资源（××消防救援支队、××省公路局、××高管处实施）。

（5）应急通信：与所有应急响应地点、应急组织和应急响应人员有效通信交流（××省

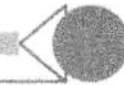

××公路局实施)。

(6)人员防护:监测、控制应急响应人员面临的危险(××消防队、××公路局实施)。

(7)警戒与治安:维护警戒区域秩序,控制救援区域交通出入口(××公安局、××交警支队实施)。

(8)紧急医疗服务:现场急救处置、转运伤员,准备交通工具、设施和服务人员(××市卫生健康局实施)。

(9)应急抢险:采取有效措施控制灾害发展,及时消除危害(××省公路局、××省××公路局实施)。

2. 评估总则

1)评估目的

通过评估发现应急预案、应急组织、应急人员、应急机制、应急保障等方面存在的问题或不足,提出改进意见或建议,并总结演练中好的做法和主要优点等。

2)评估依据

主要依据如下:

①有关法律、法规、标准及有关规定和要求;

②演练活动涉及的应急预案和演练文件;

③演练单位的相关技术标准、操作规程或管理制度;

④相关故事应急救援典型案例资料。

3)评估原则

实事求是、科学考评、依法依规、以评促改。

4)评估程序

评估准备、评估实施和评估总结。

5)评估组

本次演练评估组由交通系统内专家和外聘专家共××人组成,负责提出评估意见、建议,并撰写演练评估报告。

3. 评估内容

1)演练准备阶段评估内容

(1)演练策划与设计,主要包括演练目标的设定、演练情景设计的符合性。

(2)演练文件编制,包括演练方案种类、单项方案要素的符合性。

(3)演练保障,包括人员分工、设备器材准备、场地选择、安全保障、通信保障的符合性。

演练准备阶段评估内容见表5-2。

演练准备情况评估表(分值23分)　　表5-2

序号	评估内容	评估得分
第一部分:演练策划与设计		
1	目标明确且具有针对性,符合演练需求	

续上表

序号	评 估 内 容	评 估 得 分
2	演练目标简明、合理、具体、可量化和可实现	
3	演练目标设置是从提高参演人员的应急能力角度考虑	
4	设计的演练情景符合演练单位实际情况，且有利于促进实现演练目标和提高参演人员应急能力	
5	考虑到演练现场及可能对周边社会秩序造成的影响	
6	演练情景内容包括了情景概要、事件后果、背景信息、演化过程等要素，要素较为全面	
7	演练情景中的各事件之间的演化衔接关系科学、合理，各事件有确定的发生与持续时间	
8	确定了各参演单位和角色在各场景中的期望行动以及期望行动之间的衔接关系	
第二部分：演练文件编制		
1	制订了演练工作方案、安全及各类保障方案	
2	根据演练需要编制了演练脚本或演练观摩手册	
3	各单项文件中要素齐全、内容合理，符合演练规范要求	
4	文字通顺、语言精练、通俗易懂	
5	内容格式规范，各项附件项目齐全、编排顺序合理	
6	演练保障方案印发到演练的各保障部门	
7	编制的方案中各项要素齐全、并有安全告知	
第三部分：演练保障		
1	人员的分工明确，职责清晰，数量满足演练要求	
2	演练经费充足，保障充分	
3	器材使用管理科学、规范，满足演练需要	
4	场地选择符合演练策划情景设置要求，现场条件满足演练要求	
5	演练活动安全保障条件准备到位并满足要求	
6	充分考虑演练实施中可能面临的各种风险，制订必要的应急预案或采取有效控制措施	
7	参演人员能够确保自身安全	
8	对各项演练保障条件进行了检查确认	

2）演练实施阶段评估内容

实施阶段评估内容针对所实施的应急行动分为9个项目，具体见表5-3。

实战演练实施情况评估表（分值77分） 表5-3

评 估 项 目	评 估 内 容	评 估 得 分
预警与信息报告（8分）	1.1 演练单位能够根据监测监控系统数据变化状况、事故险情紧急程度和发展势态或有关部门提供的预警信息进行预警	
	1.2 演练单位有明确的预警条件、方式和方法	
	1.3 对有关部门提供的信息、现场人员发现险情或隐患进行及时预警	

续上表

评估项目	评估内容	评估得分
预警与信息报告（8分）	1.4　预警方式、方法和预警结果在演练中表现有效	
	1.5　演练单位内部信息通报系统能够及时投入使用，能够及时向有关部门和人员报告事故信息	
	1.6　演练中事故信息报告程序规范，符合应急预案要求	
	1.7　在规定时间内能够完成向上级主管部门和地方人民政府报告事故信息程序，并持续更新	
	1.8　能够快速向本单位以外的有关部门或单位、周边群众通报事故信息	
紧急动员（6分）	2.1　演练单位能够依据应急预案快速确定事故的严重程度及等级	
	2.2　演练单位能够根据事故级别，启动相应的应急响应，采用有效的工作程序，警告、通知和动员相应范围内人员	
	2.3　演练单位能够通过总指挥或总指挥授权人员及时启动应急响应	
	2.4　演练单位应急响应迅速，动员效果较好	
	2.5　演练单位能够适应事先不通知突袭抽查式的应急演练	
	2.6　非工作时间以及至少有一名单位主要领导不在应急岗位的情况下能够完成本单位的紧急动员	
事故监测与研判（4分）	3.1　演练单位在接到事故报告后，能够及时开展事故早期评估，获取事件的准确信息	
	3.2　演练单位及相关单位能够持续跟踪、监测事故全过程	
	3.3　事故监测人员能够科学评估其潜在危害性	
	3.4　能够及时报告事态评估信息	
指挥和协调（11分）	4.1　现场指挥部能够及时成立，并确保其安全高效运转	
	4.2　指挥人员能够指挥和控制其职责范围内所有参与救援队伍和救援人员的应急响应行动	
	4.3　应急指挥人员表现出较强指挥协调能力，能够对救援工作全局有效掌控	
	4.4　指挥部各位成员能够在较短或规定时间内到位，分工明确并各负其责	
	4.5　现场指挥部能够及时提出有针对性的事故应急处置措施或制订切实可行的现场处置方案并报总指挥部批准	
	4.6　指挥部重要岗位有后备人选，并能够根据演练活动的进行合理轮换	
	4.7　现场指挥部制订的救援方案科学可行，调集了足够的应急救援资源和装备（包括专业救援人员和相关装备）	
	4.8　现场指挥部与当地政府或本单位指挥中心信息畅通，并实现信息持续更新和共享	
	4.9　应急指挥决策程序科学，内容有预见性、科学可行	
	4.10　指挥部能够对事故现场有效传达指令，进行有效管控	
	4.11　应急指挥中心能够及时启用，各项功能正常、满足使用	

续上表

评估项目	评估内容	评估得分
事故处置（8分）	5.1 参演人员能够按照处置方案规定或在指定的时间内迅速达到现场开展救援	
	5.2 参演人员能够对事故先期状况做出正确判断，采取的先期处置措施科学、合理，处置结果有效	
	5.3 现场参演人员职责清晰、分工合理	
	5.4 应急处置程序正确、规范，处置措施执行到位	
	5.5 参演人员之间有效联络，沟通顺畅有效，并能够有序配合，协同救援	
	5.6 事故现场处置过程中，参演人员能够对现场实施持续安全监测或监控	
	5.7 事故处置过程中采取了措施防止次生或衍生事故发生	
	5.8 针对事故现场采取必要的安全措施，确保救援人员安全	
应急资源管理（4分）	6.1 根据事态评估结果，能够识别和确定应急行动所需的各类资源，同时根据需要联系资源供应方	
	6.2 参演人员能够快速、科学使用外部提供的应急资源并投入应急救援行动	
	6.3 应急设施、设备、器材等数量和性能能够满足现场应急需要	
	6.4 应急资源的管理和使用规范有序，不存在浪费情况	
应急通信（4分）	7.1 通信网络系统正常运转，通信能力能够满足应急响应的需求	
	7.2 应急队伍能够建立多途径的通信系统，确保通信畅通	
	7.3 有专职人员负责通信设备的管理	
	7.4 应急通信效果良好，演练各方通信信息顺畅	
信息公开（4分）	8.1 明确事故信息发布部门、发布原则，事故信息能够由现场指挥部及时准确向新闻媒体通报	
	8.2 指定了专门负责公共关系的人员，主动协调媒体关系	
	8.3 能够主动就事故情况在内部进行告知，并及时通知相关方	
	8.4 能够对事件舆情持续监测和研判，并对涉及的公共信息妥善处置	
人员保护（4分）	9.1 演练单位能够综合考虑各种因素并进行协调有关方面确保各方人员安全	
	9.2 应急救援人员配备适当的个体防护装备，或采取了必要自我安全防护措施	
	9.3 有受到或可能受到事故波及或影响的人员的安全保护方案	
	9.4 针对事件影响范围内的特殊人群，能够采取适当方式发出警告并采取安全防护措施	
警戒与管制（4分）	10.1 关键应急场所的人员进出通道受到有效管制	
	10.2 合理设置了交通管制点，划定管制区域	
	10.3 各种警戒与管制标志、标识设置明显，警戒措施完善	
	10.4 有效控制出入口，清除道路上的障碍物，保证道路畅通	

续上表

评估项目	评估内容	评估得分
医疗救护 (4分)	11.1　应急响应人员对受伤害人员采取有效先期急救,急救药品、器材配备有效	
	11.2　及时与场外医疗救护资源建立联系求得支援,确保伤员及时得到救治	
	11.3　现场医疗人员能够对伤病人员伤情作出正确诊断,并按照既定的医疗程序对伤病人员进行处置	
	11.4　现场急救车辆能够及时准确地将伤员送往医院,并带齐伤员有关资料	
现场控制及恢复 (4分)	12.1　针对灾害可能造成的人员安全健康与环境、设备与设施方面的潜在危害,以及为降低灾害影响而制定的技术对策和措施有效	
	12.2　灾害现场产生的污染物或有毒有害物质能够及时、有效处置,并确保没有造成二次污染或危害	
	12.3　能够有效提供应急饮用水,并提供基本生活等后勤保障	
	12.4　现场保障条件满足事故处置、控制和恢复的基本需要	
其他 (12分)	13.1　演练情景设计合理,满足演练要求(2分)	
	13.2　演练达到了预期目标(2分)	
	13.3　参演的组成机构或人员职责能够与应急预案相符合(2分)	
	13.4　参演人员能够按时就位、正确并熟练使用应急器材	
	13.5　参演人员能够以认真态度融入整体演练活动中,并及时、有效地完成演练中应承担的角色工作内容	
	13.6　应急响应的解除程序符合实际并与应急预案中规定的内容相一致	
	13.7　应急预案得到了充分验证和检验,并发现了不足之处(2分)	
	13.8　参演人员的能力也得到了充分检验和锻炼	

4. 获取方式

评估组获取信息的方式如下。

演练筹备组在演练前向评估组交付演练资料及本手册。

评估人员在演练过程中,根据演练评估方案的引导,作为中立方客观地记录演练人员完成每一项关键行动的时间及效果,填写评估表格。部分内容需要演练后进行统计分析。

评估人员在演练结束后,还可通过与参演人员交谈、向参演应急组织索取演练的文字材料等方式进一步搜集与演练相关的信息,以便准确评估演练效果。

5. 工作组织实施

评估工作实施步骤如下。

(1)成立专家评估组,专家评估组于 11 月 × 日确定。

(2)11 月 × 日,评估专家组参加演练,演练中填写评估表格。

(3)演练结束,统计分析评估表格内容,通过演练评估会提出点评意见。

(4)演练结束 5 个工作日内,根据统计分析结果书写评估报告。

6. 演练评估表格

演练名称：××省××年公路交通防汛减灾综合应急演练。

演练地点：第一现场为××省××市××县××镇S608线K18+800处；

第二现场为××省××市××县S705线K66+897处；

第三现场为××省××市××区G710线K1391+700处；

第四现场为××县××镇××村村道。

第二节　××省公路交通冰雪灾害指挥协同综合演练

一、演练方案

为深入贯彻落实习近平总书记关于应急管理和防灾减灾救灾工作的系列重要论述和指示批示精神，健全风险防范化解机制，着力提升应对处置各类自然灾害的能力水平，根据××省交通运输厅和××省公路局××年应急演练工作安排，由××省××公路局组织公路交通冰雪灾害应急指挥、现场协同处置综合应急演练，命名为“破冰行动—××”。为做好演练准备工作，特制订本方案。

1. 演练的目的、原则与类型

1）编制依据

《中华人民共和国突发事件应对法》《××省突发事件总体应急预案》《××省交通运输突发事件应急预案》《××省公路路政管理突发事件应急管理工作预案》《××省高速公路突发事件应急预案》《××省××公路局××年公路冬季养护防滑保畅工作方案》《××省××公路局高养中心××年××高速公路冬季养护防滑保畅工作方案》。

2）演练目的

（1）检验预案。通过开展应急演练，检验《××省高速公路突发事件应急预案》《××省××公路局××年公路冬季养护防滑保畅工作方案》的科学性和可操作性，确定预案对管理养护高速公路、普通国省干线公路冰雪灾害应急准备和应急响应的适用性。

（2）磨合机制。理顺相关部门及单位工作关系，明确本系统内部信息报送、应急指挥机制，磨合协作单位“一路四方、六位一体”应急机制。

（3）完善准备。检查公路交通冰雪灾害应对防范准备工作，从应急人员、物资、装备、技术、保障措施等方面着手，查漏补缺，及时予以调整补充和完善。

（4）锻炼队伍。通过对××省××公路局高等级公路养护中心、应急抢险保障中心、养护协议单位等应急队伍的带动，锻炼队伍在极端天气应对处置冰雪灾害的能力，提高队伍的应急能力。

（5）科普宣传。通过演练宣传，推动公众对公路交通冰雪灾害的认知，加强舆论引导，促进全社会对公路交通应急工作的信任度。

3）工作原则

（1）实战性原则。在演练科目设计上突出应急指挥和应急保通等重点环节，力争完善指

挥机制、保通方案，为公路交通防滑保畅工作提供有效的借鉴和取得实质性提高。

(2)检验性原则。通过实地、实景、实装、实效的演练设计，检验公路交通冰雪灾害应急预案及相关工作方案等支撑性文件的可操作性和适用性。

(3)特色性原则。突出××高速公路地形复杂、车流量大、急弯陡坡多、保通难度高等特点。

(4)示范性原则。通过开展示范性演练，加强公路交通系统自然灾害应对防范工作交流，在全省范围内营造攻坚克难、共同提高的学习氛围。

(5)安全性原则。要想方设法避免实景演练对应急防滑保通和安全养护工作的影响，提高演练安全性，考虑在检修路段或未投运路段的冰雪路段用于模拟演练，保证演练参与人员安全。

2. 演练基本情况

1)演练时间、地点

(1)演练时间。

××年12月27日至××年1月17日之间选择适宜日期举行演练。

(2)演练地点。

指挥场所：××省××公路局16楼视频会议室。

主要作业场所：协调在建或维修路段，目前建议选择G109线××段高架桥，作为主要工法演示场所。

其他演练场所：G75××段，包括××隧道入口、沿途陡坡及避险车道；S212××隧道入口隧道所前；××、××应急物资库；××公路局高养中心。以上场所承担情景构建及指挥部推演中的场景描述任务。

观摩场所：××省公路局指挥大厅为省交通运输厅、××公路局领导及相关单位观摩场所；各市州公路局视频会议室为各市州相关单位观摩场所，观摩人员由各观摩场地所在单位决定。

2)演练组织形式

(1)主办单位。

××省交通运输厅、××省公路局。

(2)承办单位。

××省××公路局。

(3)协办单位。

××省高速公路路政执法总队、××省高速公路服务有限公司、××省××公路局应急抢险保障中心、××省××公路局高等级公路养护中心、××市气象局、××市公安局交通警察支队。

(4)演练形式。

演练围绕指挥中心调度指挥、现场应急保通两项内容，同时展示恶劣天气应急保通相关要素，拟采用××省公路局指挥大厅、××省××公路局指挥中心、防滑保通现场三地互动，穿插部分场景说明的形式。故演练形式为前后方结合、多地联动实战演练。

3. 演练内容

1)情景1:预警监测和信息报告

(1)情景构建。

××年12月28日,××省气象台发布大雪黄色预警,未来24h××市东南部地区将有中到大雪,××省××公路局接到预报信息,立即安排防滑保通工作,根据"局领导一人一段路"的工作部署,相关局领导分别赶赴各条道路,查看防滑准备工作,向各关键路段布置防滑料,调集管理、养护人员值班备勤。

(2)任务清单。

情景1任务清单见表5-4。

情景1任务清单 表5-4

阶　段	执　行　人	使用设备	任务内容	表现形式
预警预测	××市气象局	气象台指挥中心	预警发布、信息共享(电话联系)	视频资料
预警响应	××公路局	巡查车、防滑料、会议室	巡查车分赴各路段,防滑料装车、补充,各中队安排备勤工作	视频资料

2)情景2:应急响应和协调调度

(1)情景构建。

××年12月29日7时,××市各县区陆续降雪,××省××公路局各防滑保畅中队立即上路除雪,采用单车递进作业工法。各巡查车辆、巡查无人机随时向局指挥中心报告道路积雪和车辆滞留情况。××公路局指挥中心向省公路局报告情况。10时左右,G75兰海高速公路×××隧道口积冰,G75兰海高速公路17km长大下坡路段降雪集中,积雪难以及时清除。指挥中心根据各路段除雪情况及气象台预报信息,决定调集××至机场防滑保畅中队50%力量支援,采用阶梯式编队作业工法清理长大下坡积雪;调集大功率吹雪车,清理×××隧道口积冰。

(2)任务清单。

情景2任务清单见表5-5。

情景2任务清单 表5-5

阶　段	执　行　人	使用设备	任务内容	表现形式
信息报送	各巡查员,局指挥中心	单兵、平板电脑、视频会议系统	①各巡查队报告路况信息;②局指挥中心汇总后报省局指挥中心,通报相关单位	视频资料,现场实拍
协调调度	兰海中队,局指挥中心,机场中队	单兵、平板电脑、视频会议系统、作业车辆、吹雪车	①报告路段险情,请求支援调集力量支援;②支援力量向任务路段集结	两地互动,现场实拍,视频资料

3)情景3:除冰清雪防滑保畅

(1)情景构建。

各中队按照《防滑保畅工作方案》和指挥部指令分头作业。①积雪<5cm路段采用递进除雪作业工法;②积雪≥5cm路段采用阶梯式编队作业工法(表5-6);③避险车道养护;④隧道口重点路段使用吹雪车清理;⑤普通国省干线公路加强养护,为滞留车辆驾乘人员提供生活保障,滞留车辆有人突发疾病,隧道所组织人员将其背送至救护车。

阶梯式作业工法车辆排列表　　表5-6

序号	车辆名称1	车辆名称2	车辆名称3
1	巡查车	交警车	应急指挥车
2	破冰机	抛雪机	平地机
3	暴风除雪车	暴风除雪车	暴风除雪车
4	滚刷清扫车	滚刷清扫车	滚刷清扫车
5	融雪剂撒布车(环保)	融雪剂撒布车(植物)	融雪剂撒布车(环保)
6	平板拖车	大型吊车	自卸车
7	装载机	挖掘机	桥车
8	发电车	宿营车	净水车
9	路政车	交警车	巡查车

注:同组每车前后间距4m,每组前后间距20m。

(2)任务清单。

情景3任务清单见表5-7。

情景3任务清单　　表5-7

任　务	执　行　人	使用设备	任务内容	表现形式
递进除雪	高养中心	除冰清雪车	使用相应工法除雪	现场实拍
编队作业	高养中心	除雪编队	使用相应工法除雪	现场实拍
避险车道养护	应急抢险保障中心	铁锹、扫帚	使用相应工法养护避险车道	视频资料
隧道口除冰	高养中心	吹雪车	使用相应工法除冰	视频资料
国省干线养护	隧道所	清扫车、融雪剂撒布车、防滑料、铁锹;方便面、担架	①国省干线除雪防滑; ②提供滞留车辆生活保障; ③人力运送突发疾病者至道路畅通处,送医	现场实拍,视频资料

4)情景4:恢复交通,解除响应

(1)情景构建。

各中队报告除冰清雪情况,道路畅通,恢复通车;气象部门报告,降雪过程已经结束。××公路局指挥中心向省公路局报告,省公路局宣布解除应急响应。

(2)任务清单。

情景4任务清单见表5-8。

情景4 任务清单 表5-8

阶　段	执行人	使用设备	任务内容	表现形式
情况汇报	各巡查员，××公路局指挥中心	单兵、平板电脑、视频会议系统	①各分队报告防滑保畅情况； ②局指挥中心汇总后报省局指挥中心	视频资料，现场实拍
解除响应	省公路局指挥中心	视频会议系统	宣布解除响应。 总结评估	现场实拍

4.演练组织机构

为保证此次演练顺利实施，××省××公路局成立演练领导小组，设立演练指挥部和工作组。

1)演练领导小组

组　长：×××

副组长：×××

成　员：×××

2)防滑保通应急指挥部

(1)指挥组。

总　指　挥：省公路局领导

现场指挥长：××公路局领导

成 员 单 位：××省××公路局、××省高速公路路政执法总队高速支队、××省高速公路服务有限公司、××省××公路局应急抢险保障中心、××省××公路局高等级公路养护中心、××市气象局、××市公安局交通警察支队

职　　　责：负责组织、指挥、协调防滑保通工作的开展，对应急工作重大事项作出决策。

(2)综合组。

组　长：×××

成　员：×××

职　责：承担指挥部办公室职责，组织安排会商、视频会议等，负责文件起草、图件准备工作，处理指挥部安排的其他工作任务。

(3)调度组。

组长：×××

成员：×××

职责：负责各防滑保畅中队任务安排，向指挥长提出队伍、物资、设备调度建议，汇总各应急场地信息，向指挥报告。

(4)宣传组。

组长：×××

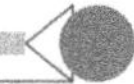

成员：×××

职责：负责应急防滑保通工作的宣传报道，组织现场摄影摄像安排，新媒体的邀请，负责新闻通稿的发布和后期微信、微博的制作、发布和宣传。

3）演练工作组

（1）除冰清雪组。

组长：×××

成员：各防滑保通中队

职责：根据路面积雪情况，采用相应工法除雪防滑，及时向指挥部报告除雪进展实时情况。并制定合理的现场安全作业措施，为现场作业队安全提供保障。

（2）交通管制组。

组长：×××

成员：××市公安交警支队

职责：根据路况实施交通管制，疏导车辆。

（3）协调调度组。

组长：×××

成员：局指挥中心

职责：协调调度防滑保通设备及相关人员，制定现场安保措施，协调落实相关单位需要准备的车辆、物资、机械人员、设备维护和油料补充等，确保各类应急设备时刻处于良好状态，明确应急保通相关内容及注意事项。

（4）信息发布组。

组长：×××

成员：局路网中心

职责：做好重点路段的监控，发现险情，及时报告××公路局指挥部，做好应急预案启动期间的信息汇总上报工作，确保路况信息及时发布与上传下达工作。

（5）安全保障组。

组长：×××

成员：省路政总队

职责：维护道路抢险、除冰清雪作业现场安全。

5. 演练保障措施

1）指挥中心保障措施

演练中需采取省公路局与××公路局视频连线、××公路局与现场连线，需各相关方提前调试网络、设备，确保演练中连线畅通。

2）参演人员、车辆保障措施

本次演练现场参演人员约120人，由××公路局统一组织，演练期间参演车辆由××公路局统一组织，外协单位车辆按协议给予补贴，参演人员工作餐由××公路局统一安排。费用在演练经费中列支。

6. 相关要求

1)统一思想、迅速行动

此次演练规模大、工作任务重,参演单位和相关人员要增强政治责任感和工作紧迫感,以良好的精神状态迅速投入各项筹备工作任务之中。各小组组长要亲力亲为,以高度负责的态度和务实创新的作风,切实做好演练各项准备工作。

2)加强沟通、担当尽责

演练期间,各小组要牢固树立"一盘棋"思想,在领导小组的统一领导下,听从指挥、反应迅速、协调配合、步调一致。演练过程中,要坚持以大局为重,遇到问题和突发情况,第一时间报领导小组协调解决,确保演练顺利进行。

3)明确任务、确保安全

各小组必须明确各自任务,积极推进。各演练队伍要认真准备、反复推演、精雕细琢演练科目。同时,参演单位和相关人员要牢固树立安全意识,不疏忽、不麻痹,确保演练圆满完成、万无一失。

二、演练脚本

演练脚本见表5-9。

演 练 脚 本 表5-9

进程	实施科目及地点	执行人员及任务	拍摄画面	字幕配音/对白/解说词
第一部分:演练介绍 主要介绍演练目的、组织形式、演练方式及演练科目				
Sc01	无	无	"破冰行动—××省公路交通冬季防滑保畅指挥协同综合应急演练"背景设计图	(字幕配音)为深入贯彻落实习近平总书记关于应急管理、防灾减灾救灾工作的系列论述和重要指示批示精神,严格执行省委省政府、交通运输部有关部署要求,完善全省公路冰雪灾害预警预报、信息收集报送、指挥调度和应急处置标准规范,全力保障公路冬季通行安全畅通,××省交通运输厅主办,××省公路局协办,××省交通运行(路网)监测应急处置中心、××省××公路局承办"破冰行动—××省公路交通冬季防滑保畅指挥协同综合应急演练"
Sc02	无	无	演练活动基本情况介绍字幕	(字幕配音)本次演练模拟受大范围降雪影响,导致省××公路局管养公路出现不同程度积雪和结冰现象,需及时开展除雪防滑保畅工作,并以此为背景展开,检验《××省公路交通突发事件应急预案》《××省国省干线公路冰雪灾害应急专项预案》《××省省养公路一般事件应对预案》《××省××公路局突发事件应急预案》《××省××公路局一般事件应对预案》《××省××公路局公路水毁和冰雪灾害应

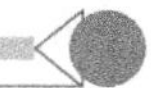

续上表

进程	实施科目及地点	执行人员及任务	拍摄画面	字幕配音/对白/解说词
第一部分：演练介绍 主要介绍演练目的、组织形式、演练方式及演练科目				
Sc02	无	无	演练活动基本情况介绍字幕	急预案》《××省××公路局××年公路冬季养护防滑保畅工作方案》《省××公路局高养中心××年××高速公路冬季养护防滑保畅工作方案》等预案和方案的科学性、适用性和可操作性；进一步明确本系统内部信息报送程序和应急指挥体系，磨合应急队伍及装备统一调度、快速运送、合理调配、密切协作的工作机制和"一路四方"联勤联动机制；锻炼提升省××公路局高等级公路养护中心、应急抢险保障中心、养护企业等应急队伍冰雪灾害应对处置能力和后勤保障能力
Sc03	无	无	演练活动基本情况介绍字幕	（字幕配音）演练将依据相关预案要求，围绕指挥调度、现场实施两项内容，采用省公路局指挥大厅、省××公路局应急指挥中心、防滑保通现场多地互动，以穿插场景说明的形式，展示冰雪灾害防滑保畅应急处置全过程。 开展的科目有：预警信息发布、防御启动、应急准备、路况发布、信息报送、巡查监控、会商研判、预案启动、综合协调、指挥调度、联勤联动、除雪防滑（机械清雪、人工清雪、融雪剂撒布）和响应结束等
第二部分：演练实施				
【字幕】第一阶段：预警信息发布、防御启动、应急准备				
Sc04	无	无	××省公路网络示意图	（解说词）近年来，××省公路事业发展取得了显著成绩。目前，全省形成了以省会××为中心，连云港至霍尔果斯、北京至拉萨等国家高速公路为主骨架，27 条国道和 174 条省道为分支，农村公路纵横交织，沟通全省城乡、连接周边省区的四通八达的公路网络。发达的公路网络在人们的日常生活中发挥着重要的作用，极大地方便了人们的日常出行和生产生活。 我省冬季气候寒冷，遇降雪天气，很多路段易出现积雪和结冰现象，因此冬季养护防滑保畅工作显得尤为重要
Sc05	科目：预警信息发布 地点：××市气象局	市气象局工作人员开展日常工作	①市气象局单位门牌标识、无人机大景过渡至地气象观测站； ②气象卫星云图及工作人员日常工作画面	（解说词）根据气象部门预测，××年至××年冬春季，冷空气活动频繁、强度高，寒潮大风等极端天气易发频发，我省一些地区将出现阶段性降温、强降雪和低温雨雪等冰冻灾害天气

续上表

进程	实施科目及地点	执行人员及任务	拍摄画面	字幕配音/对白/解说词
第二部分:演练实施				
【字幕】第一阶段:预警信息发布、防御启动、应急准备				
Sc06		市气象局工作人员向××公路局发送气象信息专报	发送短信流程画面	(解说词)××市气象局12月26日6时发布大雪黄色预警,受寒潮影响,预计12月28日16时至29日16时,××市××区、××区、××区、××县、××县将有中到大雪或暴雪,部分地区积雪深度可达3~5cm,局部地区5cm以上,请注意防范冰雪灾害
Sc07	科目:预警信息发布 地点:省××公路局	相关领导接到气象信息预报	①相关领导收到气象预报信息; ②插入与气象局协议文件图片	(解说词)××省××公路局管养5条高速公路,9条国省干线,6条县(专)道路,路段主线管养里程达1309.905km,重点养护路段多,防滑保畅工作形势严峻、任务重,根据省交通运输厅《关于做好全省公路冬季养护管理工作的通知》要求,及时加强与××市气象局的联系,并建立协作。依托××市气象局气象预报平台,局领导及相关科室人员可第一时间接收到气象预警信息,按照协议要求,××市气象局气象预警信息预报将明确至乡镇一级范围
Sc08	科目:防御启动 地点:省××公路局会议室	局相关领导到达会议室召开工作会议	工作会议画面	(解说词)省××公路局主要领导接收到气象预警后,组织召开工作会议研判天气条件、部署任务。 局应急办公室向局领导提出防御建议。 局领导同意启动防御,要求相关领导、局属各单位提前做好应急准备工作,并将会议情况向省公路局相关领导报告
Sc09	科目:防御启动 地点:省××公路局会议室	局副局长、工会主席、总工程师等领导乘车前往分管路段	相关领导乘车出发画面	(解说词)会议结束后,依据《××省××公路局2020年公路冬季养护防滑保畅工作方案》,局领导按照"一个领导一条路"任务分工,乘车前往分管路段养护工区、养护站、应急库房和应急保障点,检查防滑料、融雪剂储备、车辆设备、物资、人员准备情况
Sc10	科目:应急准备 地点:××养护工区、××养护站、××养护所	副局长×××、局高养中心主任×××、×××段副段长、×××养护所党支部书记等检查应急准备情况	①××段××养护站、××养护所、高养中心××路应急物资保障点门牌及单位全景; ②领导检查画面(依据解说词内容拍摄)	(解说员)接到预警信息后,高养中心、各公路段(所)立即组织人员到场,安排人员、材料、物资、机械准备工作。 局领导到达后,认真检查、仔细核实防滑料、融雪剂储备情况,应急人员到位以及机械车辆维护情况。 现场要求对机械设备进行检修、调试、试运行(发动车辆、滚刷运行、车辆警示灯、示廓灯等)。 检查应急队伍,进行安全技术交底,询问除雪作业安全管理情况,检查人工除雪工具、个人防护装备、除雪作业标志和安全警示标牌。 最后,局领导要求各应急队伍人员要严格执行24h值守,提前对重点路段进行巡查监控,设置安全行驶提醒标识,利用情报板进行全面提醒警示,确保公路平安畅通

续上表

<table>
<tr><th>进程</th><th>实施科目
及地点</th><th>执行人员
及任务</th><th>拍摄画面</th><th>字幕配音/对白/解说词</th></tr>
<tr><td colspan="5">第二部分：演练实施</td></tr>
<tr><td colspan="5">【字幕】第一阶段：预警信息发布、防御启动、应急准备</td></tr>
<tr><td>Sc11</td><td>科目：应急准备
地点：和平隧道××岸、××应急库房</td><td>副局长、高养中心副主任、××段段长检查应急准备情况</td><td>①和平隧道××岸、××应急库房门牌及单位全景；
②领导检查画面(依据解说词内容拍摄)</td><td rowspan="2">—</td></tr>
<tr><td>Sc12</td><td>科目：应急准备
地点：××应急库房</td><td>局总工程师、高养中心工会主席检查应急准备情况</td><td>①高养中心、××应急库房门牌及单位全景；
②领导检查画面(依据解说词内容拍摄)；
③高养中心应急值守场景画面</td></tr>
<tr><td>Sc13</td><td>科目：应急准备
地点：G22××段、G75××段，G312、G212、S104重点路段</td><td>①××公路段、××隧道所、××公司安排人员在重点路段放置防滑材料，对重点路段持续巡查监测；
②翻松避险车道</td><td>①依据执行人员动作画面拍摄，重点巡查监测；
②翻松避险车道</td><td>(解说员)局属各养护单位按照工作方案要求，进一步落实除雪责任，安排人员在重点路段匝道、坡道、桥面等特殊地段路侧放置防滑材料，并加大巡查力度，对重点路段持续监测。
避险车道是山区长下坡路段高速公路重要的交通安全设施(××路有17km长大下坡路段，设有5个避险车道)。避险车道集料的及时整平、定期翻松，对于其功能的正常发挥具有重要的意义</td></tr>
<tr><td colspan="5">【字幕】第二阶段：路况发布、信息报送、会商研判、预案启动、综合协调</td></tr>
<tr><td>Sc14</td><td>科目：路况发布
地点：省公路局、省××公路局</td><td>无</td><td>无</td><td>(字幕配音)12月29日6时，××市气象局发布天气预报，预计，8时起，××市××县、××区、××区将陆续开始降雪，部分地区有中到大雪或暴雪</td></tr>
</table>

续上表

进程	实施科目及地点	执行人员及任务	拍摄画面	字幕配音/对白/解说词
【字幕】第二阶段：路况发布、信息报送、会商研判、预案启动、综合协调				
Sc15	科目：路况发布 地点：省公路局、省××公路局	省公路局、省××公路局值班人员在官网上、微信、短信、情报板（××所）发布天气预报和路况信息	①网站信息发布画面； ②指挥中心向各养护单位发布预警信息	（解说员）接到预报后，省公路局、省××公路局及时通过网站发布高速公路天气预报和全省国省干线公路路况信息，通知各养护单位做好除雪防滑应急准备工作
Sc16	科目：先期处置 地点：××段、××隧道所养护路段	××段、××段（G212）、××隧道所在养护路段选择特殊路段预撒融雪剂	依据解说词拍摄画面	（解说员）养护单位在接到降雪预报后，先期开展预撒融雪剂或防滑料。 在降雪前1～2h，在长大纵坡、爬坡车道、桥面桥头、隧道进出口、匝道等重点路段撒布环保型融雪剂，可有效防止低温降雪、路面结冰
Sc17	科目：巡查监控 地点：××段、××养护站、××路应急保障点、××养护所	巡查车辆出动，除雪车辆做好准备	①降雪场景； ②巡查车辆出动，除雪车辆做好准备画面	（解说员）8时许，××、××区已出现降雪。 以雪为“令”，局各养护单位巡查车辆随即出动，前往重点路段开展巡查，各类除雪车辆做好“战前”准备
Sc18	科目：信息报送 地点：××公路段、××隧道所	××公路段、××隧道所值班领导向指挥中心报告	①路面积雪画面； ②××隧道保畅分队、×××保畅分队出发画面； ③高养中心、××段、××段值班领导向省××公路局应急指挥中心报告	（解说员）8点30分，G22青兰高速公路××段、G75兰海高速公路××段、G212××段、S104××段部分重点路段路面出现积雪，按照省交通运输厅《关于做好全省公路冬季养护管理工作的通知》《××省××公路局××年公路冬季养护防滑保畅工作方案》，相关养护单位迅速集结应急人员，带齐装备和物资赶往现场 高养中心、××段、××段值班领导向省××公路局应急指挥中心报告相关情况

续上表

进程	实施科目及地点	执行人员及任务	拍摄画面	字幕配音/对白/解说词
【字幕】第二阶段：路况发布、信息报送、会商研判、预案启动、综合协调				
Sc19	科目：会商研判 地点：省××公路局应急指挥中心	局冬季养护防滑保畅工作领导小组立即到达指挥中心，连线××市气象局	领导到达指挥中心画面	（解说员）省××公路局应急指挥中心接到报告后，局冬季养护防滑保畅工作领导小组立即到达指挥中心，指令中心调度组连线××市气象局，及时获取降雪情况报告
		市气象局电话原声	①市气象局监测站背景； ②电话连线模拟图标	对白： 【××市气象局】经测量此次降雪已达大雪级别，未来4h降雪将持续，因降雪温度较低，容易形成道路结冰和较厚积雪
Sc20		①领导查看监控视频； ②指令调度组连线手持终端	指挥中心监控大屏画面	（解说员）局冬季养护防滑保畅工作领导小组查看公路路况监控画面，指令调度组连线现场巡查人员手持终端，回传现场实时画面。 对白： 【×××副局长】调度组，连线1号手持终端。 【调度组】明白
Sc21		现场应急人员手持终端操作1号手持终端（××路）	①人员现场操作、连线画面； ②现场手持终端影像资料回传画面	（解说员）1号手持终端（××路）连线成功。 对白： 【×××】 领导小组可通过终端回传画面了解现场实时情况，为领导会商研判提供信息支持
Sc22	科目：预案启动 地点：省××公路局应急指挥中心	①副局长提出预案启动建议； ②宣布启动预案	①领导小组工作会议画面； ②宣布响应启动画面	（解说员）连线结束后，局冬季养护防滑保畅工作领导小组立即召开工作会议，会商研判事件信息和发展趋势。 对白： 【×××副局长】×××书记，预判此次降雪将影响高速公路安全通行，依据《××省××公路局一般事件应对预案》，上述情况符合预案启动条件，建议启动二级响应。 【×××书记】同意，立即启动
Sc23	科目：综合协调 地点：省××公路局应急指挥中心	联勤联动单位出动	①指挥中心画面； ②相关方案图片展示；	（解说员）响应启动后，局冬季养护防滑保畅工作领导小组自动转为此次一般事件领导小组，由局党委书记×××担任组长，授权副局长×××统一指挥应急处置工作。

续上表

进程	实施科目及地点	执行人员及任务	拍摄画面	字幕配音/对白/解说词
【字幕】第二阶段:路况发布、信息报送、会商研判、预案启动、综合协调				
Sc23	科目:综合协调 地点:省××公路局应急指挥中心	联勤联动单位出动	③联勤联动单位响应出动画面	《××省××公路局××年公路冬季养护防滑保畅工作方案》《G22青兰高速公路××段(×××段)冬季养护防滑保畅方案》和《G75兰海高速公路××段(K0—K21)冬季养护防滑保畅应急方案》是依据预案要求制定的联合行动方案。 "一路四方"联勤联动机制启动,省××高速公路处、××市公安局交警支队、×××高速路政执法大队、××公路路政执法大队等部门依据方案中职能任务,集结队伍迅速出动
Sc24	—	—	—	(解说员)局指挥中心将启动预案Ⅱ级响应信息报送省公路局
【字幕】第三阶段:指挥调度、联勤联动、除雪防滑(机械清雪、人工清雪、融雪剂撒布)				
Sc25	科目:指挥调度 地点:省××公路局应急指挥中心	领导小组指挥调度应急队伍	省××公路局管养路线示意图、监控录像、力量装备示意图、分布图	(解说员)局领导小组根据雪情和巡查上报路况信息,查看相关资料,指挥调度应急抢险队伍及装备物资前往积雪路段开展除雪防滑保畅作业
Sc26	科目:联勤联动 地点:省××高速公路处(省高速局指挥调度中心)	省××高速公路处(省高速局指挥调度中心)路网监控、路况发布等	依据解说词内容拍摄	(解说员)响应启动后,省××高速公路处密切关注路网动态,利用高速公路沿线情报板、收费站LED显示屏等发布路况信息,在收费广场、服务区等场所发放绕行通行路线图和温馨提示卡
Sc27	科目:联勤联动 地点:某公路路段	市公安局交警支队安排相关大队实施交通管制和疏导	交通管制、疏导画面	(解说员)市公安局交警支队依据道路通行条件,已对积雪路段采取交通管控措施
Sc28	科目:除雪防滑(中雪,积雪厚度3~5cm) 地点:某公路行车道	G22应急抢险队伍展示的是积雪厚度达3~5cm除雪工法	①路面积雪3~5cm除雪车辆示意图; ②资料视频	(解说员)此时G22青兰高速公路××段部分路面积雪已达3cm,属较厚积雪,自然融化难度大。G22应急抢险队伍在公安交通管理部门和路政部门采取交通管制措施下,出动机械设备进行不间断循环清雪。因考虑可能出现的大面积压实雪和结冰情况,抢险队伍以机械清雪为主方式进行作业。

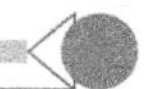

续上表

进程	实施科目及地点	执行人员及任务	拍摄画面	字幕配音/对白/解说词
【字幕】第三阶段：指挥调度、联勤联动、除雪防滑（机械清雪、人工清雪、融雪剂撒布）				
Sc28	科目：除雪防滑（中雪，积雪厚度3～5cm） 地点：某公路行车道	G22应急抢险队伍展示的是积雪厚度达3～5cm除雪工法	①路面积雪3～5cm除雪车辆示意图； ②资料视频	现在展示的是积雪厚度达3～5cm除雪工法。此工法机械搭配采用多功能除雪设备。开始作业时，工作车辆、机械打开黄色作业灯提示过往车辆。三辆除雪车分别在三个车道同时进行，除雪顺序为超车道、行车道、应急车道，前后车辆距离应保持在200～500m，行驶速度控制在20～50km/h，确保一次性清除积雪。 在此过程中，使用除雪铲将应急车道的积雪排到道路外侧，防止积雪融化结冰
Sc29	科目：指挥调度 地点：省××公路局应急指挥中心	副局长调度高养中心第三分队	①2号手持终端现场信息回传画面； ②高养中心第三分队机械调度画面	（解说员）据2号手持终端现场信息回传，G75兰海高速公路××段（K0—K21）路面积雪已达7cm，部分特殊路段积雪厚达8cm以上。领导小组依据立即调度××至机场高速公路防滑保畅中队高养中心第三分队予以支援
Sc30	科目：除雪防滑（中雪，积雪厚度5～8cm） 地点：某公路行车道	G22应急抢险队伍展示的是积雪厚度达5～8cm除雪工法	①路面积雪5～8cm除雪车辆示意图（工法申报资料图）； ②资料视频	（解说员）现在看到的是应急队伍在进行路面7cm厚度积雪清理作业。 此过程机械搭配采用两辆多功能除雪车搭配装载机实施。作业流程与之前展示的积雪厚度达3～5cm除雪工法过程基本相同，依旧采用阶梯式除雪方式。 由于积雪厚，最后应急车道积雪量大，无法全部清理至道路外侧，因此将应急车道的除雪车换为装载机进行作业，确保一次性清除积雪
Sc31	科目：除雪防滑（暴雪，积雪厚度8cm以上） 地点：某公路行车道	应急抢险队伍展示的是积雪厚度达8cm以上除雪工法	①路面积雪8cm以上除雪车辆示意图（工法申报资料图）； ②资料视频	（解说员）现在看到的是应急队伍在进行路面8cm以上厚度积雪清理作业。 由于降雪量大，积雪厚，此作业过程需全力组织机械以清雪、抛雪为主。机械搭配采用多功能除雪车、装载机、暴风除雪车和破冰设备。 首先使用多功能除雪车在超车道和行车道推雪，再使用抛雪机将推至应急车道的路面积雪抛至应急车道外。 此过程遇路面结冰，可利用破冰设备对结冰路段进行破冰作业
Sc32	科目：除雪防滑（机械除雪） 地点：某公路行车道	应急抢险队伍展示融雪剂撒布车进行融雪作业	融雪剂撒布车进行融雪作业画面	（解说员）以上三种作业工法，在实施过程中，可使用融雪剂撒布车进行融雪作业，防止路面结冰，也可依据天气预报和气温条件，及时调整和修改除雪防滑方案。 工法中使用的融雪材料为环保型融雪剂，该材料具有融雪能力强、速度快、使用剂量少、作用时间长、对环境污染小的特点，能够大大减小对高速公路附属设施及周边土壤、植物的影响

续上表

进程	实施科目及地点	执行人员及任务	拍摄画面	字幕配音/对白/解说词
【字幕】第三阶段:指挥调度、联勤联动、除雪防滑(机械清雪、人工清雪、融雪剂撒布)				
Sc33	科目:除雪防滑(机械除雪) 地点:某公路行车道	应急抢险队伍共同展示梯队式除雪作业	九辆机械除雪装备梯队式作业画面	(解说员)此时,××至机场高速公路防滑保畅中队高养中心第三分队也加入G75兰海高速公路××段(K0—K21)除雪防滑作业中。 多功能除雪车、装载机、融雪剂撒布车等机械梯队式推进,快速清理路面积雪。应用多设备梯队搭配方式的除雪方法和多功能除雪车,同时实现了除雪、扫雪、融雪和破冰、融冰,有效地解决了路面积雪被压实结冰后的二次清雪问题,极大地提升了除雪工作效率,缩短了施工时间
Sc34	科目:除雪防滑(人工除雪) 地点:某公路行车道、隧道口、立交区、匝道三角区、桥面、避险车道	应急抢险队伍展示人工除雪作业	视频资料(隧道口、桥面等)	(解说员)与此同时,各养护单位应急队伍在隧道口、立交区、匝道三角区、桥面、避险车道采用小型机械和车辆,以人工撒布融雪剂、防滑料和人工除雪的方式开展作业。 人工除雪作业过程中,作业人员要规范布置安全作业区。现场设安全指挥员两名,负责维护现场交通秩序和安全指挥
【字幕】第四阶段:响应结束				
Sc35	科目:响应结束 地点:省××公路局应急指挥中心	局指挥中心连线现场手持终端,依据相关情况实施响应终止程序	①手持终端报告画面; ②车辆通行资料画面; ③指挥中心会商,解除响应画面	(解说员)下午11时,降雪停止。11时30分,现场抢险队伍通过手持终端,分别向局指挥中心报告除雪进展情况。 对白: 【1号手持终端】报告指挥中心,G22青兰高速公路××段路面积雪清理完毕,具备通车条件。 【2号手持终端】报告指挥中心,G75兰海高速公路××段(K0—K21)路面积雪清理完毕,具备通车条件。 【3号手持终端(G212)】报告指挥中心,G212路面积雪清理完毕,具备通车条件。 综合组根据掌握的信息,确认公路交通秩序恢复,向领导小组提出终止响应建议。 经领导小组会商,决定终止应急响应,由综合组(局指挥中心)向局各养护单位及联勤联动单位下发终止指令。 局应急办公室负责向省局上报响应终止信息,说明此次事件采取的处置措施和效果
Sc36	科目:响应结束	应急队伍整理队伍	队伍整理画面	(解说员)响应终止后,各应急队伍将此次除雪防滑作业中投入人员数量、车辆数量、以及融雪剂、防滑料撒布数量进行统计,向上级单位报送。相关单位和科室将依据应急物资储备相关规定予以及时补充和采购

续上表

进程	实施科目及地点	执行人员及任务	拍摄画面	字幕配音/对白/解说词
第三部分：演练总结点评				
Sc37	略	略	略	略

三、演练解析

道路积雪结冰极易诱发交通事故，是影响行车安全的最不利气象条件之一。资料表明，结冰路面汽车制动距离是干燥路面的6～7倍，且易造成车辆打滑或侧翻。在所有的交通安全事故中，路面积雪结冰时的事故数量是干燥路面的5～10倍。“破冰行动—××公路交通冰雪灾害指挥协同综合演练”系交通系统内部在面对重大冰雪灾害时，就各应急救援队伍如何展开保通处置，防止发生重大事故灾害进行的一次剖析，该演练涵盖部门较少，但对涉及应急保通队伍各项职责、处置能力等的内容进行了大篇幅的展示，具有一定的实践意义，对于系统内部或者说对于其他的应急保通部门具有指导意义，以下内容为对该演练的演练方案和演练脚本进行的详细解析。

1. 演练方案

1）演练的目的、原则与类型

该演练方案和脚本的编制参照方案中列举的国家相关法律法规、地方政府相关法律法规以及交通系统内部相关应急预案。整体内容符合《生产事故应急演练基本规范》（AQ/T 9007—2019）的要求。

2）演练基本情况

该演练的演练形式为前后方结合、多地联动实战演练，根据法律，按照国家有关应急工作的部署，相关职能部门应制订相应的应急预案，确定高速公路突发事件联合处置的基本原则，并设计突发事件处置程序，建立反馈性预案的快速生成系统，应急预案明确各大队、中队、高速公路交警与其他高速公路管理部门和社会组织在处置突发事件过程中的职权与职责、权利与义务，应根据突发事件的级别和时期，制定高速公路各管理部门的响应机制，联合应急处置措施和程序、应急保障措施、事后恢复措施等内容。该演练在设计之初，充分参考了应急预案的相关内容，在设置时间、内容、作业场所等方面具有非常强的实践意义，能够起到锻炼队伍、磨合机制的目的。

3）演练内容

在突发事件的应对机制中，监管部门和职能部门一定要做好应急机制的建设工作。演练的首要任务是要做到对实际工作的现实指导，设置一个符合突发事件特征的模拟情景便显得十分重要，该演练的模拟情景设置符合突发事件发生的灾害性、不确定性、危害的拓展性等特性。冰雪灾害的发生容易造成交通干线中断、车祸事故发生、经济损失等。

4）演练组织机构

为保证道路畅通和安全，一些多雪国家和地区，为缓解冰雪的危害，研究应用了一些有效预防和清抗冰雪的方法。这些方法可总结归纳为被动和主动两大类。被动清抗冰雪是最为常用的方法,主要包括人工清扫、机械清除、撒布砂石材料、撒布除雪剂等。主动融冰雪技术则主要是通过路面的特殊功能达到融冰除雪的目的。该演练主要体现被动清抗冰雪的内容,因此在组织机构的划分上,不仅参考部分应急预案来制定,也根据实际工作来制定。相关单位及职能部门的分组划分也是严格按照要求制定。从该演练方案的分组上也可以看出,近些年来,我国对高速公路突发事件应急救援工作的高度重视。如高速公路专用网络的构架、路段之间的信息共享与联通,在制度和管理方面能够建立起有效的救援体系,如综合组、调度组。

5)演练保障措施

实施演练保障措施主要是保障演练的有序进行。演练的主要目的是为了检验现有的应急救援体制和应急设备,演练方案中的保障措施涵盖现场、指挥中心、人员器械,从另一层面体现了演练的目的和意义。

2. 演练脚本

演练脚本的编制主要目的是检验预案的有效性、科学性、合理性以及应急队伍的应急处置能力。

Sc1 ~ Sc3:演练起始,对于演练的目的、原则,演练基本情况等内容由专业解说员向现场观摩人员进行解说,该部分内容在各类演练中基本都会出现,在细节上有进行细微调整,在编制脚本时编制人员应注意与方案保持一致。

Sc4:由解说词引出××省交通干线目前存在的部分问题,由此引出演练主题。

Sc5 ~ Sc13:该部分内容主要对应演练方案情景 1 和情景 2 的内容,是为了体现应急体系的建设情况。由气象部门向全省发出预报预警,相关职能部门开始做好应急准备,调集物资,由主要领导同意并启动相关应急预案,各成员单位紧急赶赴现场,展开处置。在这部分内容里面,因为时间的关系,一般以专业摄像团队进行前期拍摄,剪辑成短片的形式进行体现。主要科目有:预警信息发布、防御启动、应急准备。

Sc14 ~ Sc15:预警信息发布以后,路况信息的发布由公路系统进行发布。

Sc16:在险情发生后,相应路段的应急队伍展开应急处置,这一阶段属于先期处置阶段,暂时没有相应的指挥系统,等到指挥系统成立以后,先期应急队伍并入指挥部,展开应急处置。

Sc17:先期处置阶段,各路段组织人员进行巡查,巡查情况及时向指挥部报告,由指挥部作出相应的应对措施。

Sc18:该环节主要体现的是信息报送,完全按照实际情况进行,在这一部分应注意信息报送的相关顺序,应逐级上报。

Sc19 ~ Sc21:信息报送以后,由相关部门组织人员对信息进行分析研判,这一部分是主要环节,任何灾害和事故发生后处置与救援都需要专业化力量,在会商研判的环节,就救援如何开展,人员如何调动,预案的级别等都应作出决定。

Sc22～Sc24：在会商会议结束，预案响应等级确定以后，由主要领导同意，启动预案，各单位赶往灾害点展开应急处置。由综合协调组对各救援队伍和成员单位进行协调。

Sc25～Sc27：在应急处置的过程中，应急程序应该流程化，能够在最短时间内展开处置。因此，预案启动后，各成员单位接到预案启动通知，应该以最快的速度赶往现场。

Sc28～Sc34：该部分内容主要体现冰雪灾害打冰除雪的工法，不再一一进行解析。

Sc35～Sc36：在应急处置完成以后，由各相关负责人向指挥部报告现场情况，并由指挥部宣布结束应急响应。在演练中，宣布解除响应之后，各应急队伍要迅速集结。

Sc37：演练结束，队伍列队，由解说员引出由参加的有关领导进行点评。

第三节　××省突发新冠肺炎疫情交通卫生检疫应急演练

一、演练方案

为全面落实习近平总书记关于提高应对突发重大公共卫生事件的能力和水平的最新指示，切实有效地加强疫情期间突发公共卫生事件交通运输应急保障工作，有效防范传染病疫情通过车辆及其乘运人员、货物传播流行，保证公路交通的安全畅通，进一步完善××省交通运输厅应对防范突发公共卫生事件的体制机制，提高应急响应能力，××省交通运输厅决定举办××省突发新冠肺炎疫情交通卫生检疫应急演练。为做好演练准备工作，特制订本方案。

1.演练依据和目的

1）编制依据

《突发公共卫生事件交通应急规定》《××省突发公共卫生事件应急预案》《××省交通运输厅突发公共卫生事件应急预案》。

2）演练目的

（1）检验预案：查找《××省交通运输厅突发公共卫生事件应急预案》中存在的问题，查漏补缺，完善预案，提高应急预案的科学性、实用性和可操作性。

（2）完善准备：检查应对公共卫生事件所需应急队伍、物资、装备、技术等方面的准备情况，若发现不足及时予以调整补充，做好应急准备工作。

（3）锻炼队伍：锻炼××省交通运输厅应急队伍，提高厅属单位应对突发重大疫情的能力水平。

（4）磨合机制：进一步明确交通运输、卫生健康、公安等部门相关单位和人员的职责任务，完善相关应急机制，提高协同应对重大疫情的效率和能力。

3）演练工作原则

（1）结合实际，合理定位。紧密结合××省交通运输厅新冠肺炎疫情防控职责，着重体现疫情防控期间交通运输部门交通保障职责。

(2)着眼实战,讲求实效。在××省交通运输厅统一领导下,以落实应急预案响应措施为着眼点,以明确各组职责任务为本次演练的基本任务,重视评估总结,查漏补缺,取得实效。

(3)精心组织,确保安全。围绕本次演练确定的目标,精心策划演练内容,针对性开展演练,周密组织演练活动,确保演练顺利进行。

(4)统筹规划,厉行节约。统筹规划应急演练活动,以演练需求评估为演练规划的基础,充分利用现有资源,努力提高演练效益。

2. 演练基本情况

1)演练时间、地点

演练时间:××年1月底(暂定)

演练地点:

(1)××省交通运输应急指挥中心(省路网中心);

(2)××客运站;

(3)G6高速公路××主线收费站。

2)演练组织形式

主办单位:省交通运输厅、省卫生健康委、省公安厅、省交控集团。

参演单位:省疾控中心、省高速运营管理公司、省高速养护服务公司、省公路管理局、省路网中心、省路政执法总队、省交通综合执法监督局、省交通医院、××市交通运输局、××市卫生健康委、××市交警高速支队。

3. 演练科目

1)启动响应

演练内容:××年1月底,时值春运期间,人员流动突增,国内多地发现新冠肺炎确诊病例。面对日益严峻的疫情防控形势,××省新冠肺炎疫情防控处置工作指挥部宣布启动突发公共卫生事件Ⅱ级应急响应,要求全省各行业要严格执行疫情防控各项措施,做到“早发现、早报告、早处置”,坚决遏制疫情在××省境内传播,严防省外感染或疑似病例流入省内。××省交通运输厅应急工作领导小组按照省政府统一部署,立即启动《××省交通运输厅突发公共卫生事件应急预案》,启动应对新冠肺炎疫情Ⅱ级应急响应,成立省交通运输厅应对新冠肺炎疫情突发公共卫生事件应急工作领导小组(以下简称厅应急领导小组),指挥部设在省交通运输应急指挥中心(省路网中心),下设应急指挥组、综合协调组、运输防控组、公路保通组、工程建设防控组、内部防控组、纪律督导组,各组依据职责在指挥大厅集结召开第一次领导小组工作会议,全面开展疫情防控处置工作。

演练形式:指挥部桌面推演形式结合视频资料描述演练背景。

2)客运站疫情应对

演练内容:××年1月某日下午14:30,××汽车客运站安全员发现一名旅客连续干咳,立即向驻站检疫组报告,并将该旅客引导至临时隔离室观察。经驻站检疫组检查会诊,该旅客体温异常,该旅客14:00进站后一直在候车室活动。根据旅客症状,检疫组判断该旅客患

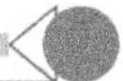

新冠肺炎概率较高,应按照疑似病例管理,且该旅客在候车室滞留时间长,接触人员众多,传播风险很高,候车室内30名旅客和8名工作人员均有感染风险。检疫组立即向××卫生健康局报告,客运站向××交通运输局报告,因事态严重,××卫生健康局报告省新冠肺炎疫情防控处置工作指挥部,××交通运输局报告厅应急领导小组(该情景设置的合理性还需征求卫生健康部门意见)。

省新冠肺炎疫情防控处置工作指挥部研判后决定:①为快速切断疫情传播链,立即封闭客运站,候车室内所有人员就地逐个进行核酸检测。②检测所需150名医疗人员和大量医疗物资,防护物资由省交通运输厅组织交通运输应急保障队运送。③最近30min内发出的车辆由目的地政府负责做好旅客登记与管理工作。

演练形式:多点联动,演练中以视频资料形式表现。

3)紧急运输保障

演练内容:省交通运输厅立即召开会议,部署疫情防控工作,由运输防控组调集货车5辆、客车5辆组成交通运输应急保障队,规划车辆行驶路线,赶赴省卫生健康部门指定地点运输人员物资。协调省公安厅增派警力,对紧急运输车辆途经路段进行交通保障,确保车队行进顺畅(具体路线需和卫健、公安部门联合商定)。

演练形式:现场演练,通过视频传输远程指挥协调。

4)客运站检疫及卫生处理

演练内容:运输防控组运送检疫人员和物资到达客运站,疾控人员立即对接触者开展核酸检测。由省卫生健康委派员协助客运站做好旅客安抚工作。由运输防控组派员督导×××交通运输局、客运站开展紧急卫生处理工作,包括人员消毒处理、候车厅消毒处理、场站消毒处理。客运站停运待检。

演练形式:现场演练,通过视频传输远程指挥协调。

5)高速公路收费站疫情应对

演练内容:当日15:30,××收费站(代替省界收费站)对进入省界的外省车辆进行检疫,发现来自沿海地区冷链运输车辆的两名驾乘人员有明显发热症状,伴随干咳,经询问该车辆途经某中风险管控区。疾控人员将此情况报告省新冠肺炎疫情防控处置工作指挥部,同时收费站向省高速公路运营管理公司报告,公司领导立即向厅应急领导小组报告此情况。厅应急领导小组研判,该车辆途经中风险地区,驾乘人员有明显发热症状,该车辆不宜进入集散地,应在收费站就地处置。厅应急领导小组安排公路保通组立即派员赶赴现场,指导收费站开展疫情防控工作。

演练形式:现场演练,通过视频传输远程指挥协调。

6)冷链车辆卫生处理

演练内容:两名驾乘人员核酸检测呈阳性,该批货物样品中一份外包装核酸检测呈阳性。现场应急处置人员立即对该车辆进行全面消杀,由卫生应急人员取样检测。

演练形式:现场演练,通过视频传输远程指挥协调。

7）公路应急保通

演练内容：由于在进行冷链运输车辆处置，导致该车后方大量货车滞留，公路保通组立即组织交警、路政人员疏导车辆，并增设检疫点，提高检疫效率，保障道路畅通。

演练形式：现场演练，通过视频传输远程指挥协调。

8）响应降级，转入常态防控

演练内容：2 月中旬，经全省各地各部门全力防控，全省 14 日内未发现新增病例，××新冠肺炎疫情防控处置工作指挥部决定降低响应等级为Ⅲ级，转入常态化疫情防控。××交通运输厅随即调整应急响应级别，转入常态化疫情防控。

省交通运输厅厅属各单位 24h 值班值守，由厅办公室负责督促厅机关、厅属各单位做好办公场所、家属区、宿舍、宾馆、食堂等重点场所的消杀、通风等措施；厅运输处、省海事局继续督促各市州交通运输主管部门开展辖区运输企业、场站、设施、设备疫情防控措施监督检查；厅养管处督促省公路局、省交控集团、省路政执法总队做好公路应急保通保畅各项准备；厅建管处督促在建项目落实主体责任和防控措施；厅人事处加强干部职工人员管理和职工健康监测。××交控集团在各收费站设置检测设备，加强冷链运输车辆人员检测，严防疫情蔓延。

演练形式：多部门、多地按顺序实施，演练中以视频资料形式表现。

4. 演练筹备组织机构及职责

1）演练筹备工作领导小组

组　长：×××

副组长：×××

成　员：×××

职　责：全面负责演练领导工作，以协调会、推进会等形式严格控制演练进程，决定演练中的重要事项。

2）综合协调组

组　长：×××

副组长：×××

成　员：×××

职　责：负责确定演练总体规划，负责前期筹备协调工作和演练期间对各部门的对接协调工作；负责演练方案脚本审定，确保演练各项工作的合理有序推进。

3）后勤保障组

组　长：×××

副组长：×××

成　员：×××

职　责：负责确定参演人员，协调参演车辆，并负责全体演练人员的食宿等后勤保障工作；及时排除车辆装备的一般性故障；及时安排车辆加油；及时协调道路管制或场所封闭措

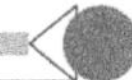

施，确保参演人员的人身安全。

4）宣传组

组　长：×××

副组长：×××

成　员：×××

职　责：负责新闻信息采写，通过厅门户网站、微博、微信发布；组织新闻媒体集中采访和舆情监视与谣言处置。

5）医疗组

组　长：×××

副组长：×××

成　员：×××

职　责：负责演练期间全体参演人员的医疗保障；负责演练中卫生应急环节参演人员、设备、车辆准备。

6）安保组

组　长：×××

副组长：×××

成　员：×××

职　责：做好演练期间的安全保卫工作。

5. 演练保障措施

1）现场保障措施

计划以××客运站作为1号演练场地，以××高速公路××主线收费站作为2号演练地点，需根据场地情况布置演练相关设施，分别由××客运站和××收费站配合省疾控中心进行临时检疫站、隔离站的搭建、设置。

2）指挥中心保障措施

演练中需采取现场与指挥中心视频连线方式，需各相关方提前调试网络、设备，确保演练中连线畅通。由省路网中心和厅信息中心负责通信和会务保障。

3）参演人员、车辆保障措施

现场：客运站45人（含模拟人员39人）、××交通运输局2人、厅运输处1人、厅养管处1人、省交通综合执法监督局4人、省卫生健康委8人（两组）、交通医院8人（两组）、××交警高速支队4人、收费站8人（含模拟人员2人）、路政总队8人、省高速养护服务公司6人、省公路局2人、省交控集团2人（约80人）。

指挥部：××省交通运输厅10人、省卫生健康委2人、省公安厅2人、省交控集团2人、省路网中心2人、省路政执法总队2人、省公路局1人、××交通运输局1人、省交通医院1人（23人）。

演练任务分解见表5-10。

演练任务分解表 表5-10

序号	单位名称	演练前期工作	演练中工作
1	厅领导	组织演练协调会、推进会	参演2人，×××厅长在指挥中心担任领导小组组长，×××副厅长担任领导小组办公室主任
2	厅应急办	①配合录制前期模拟场景； ②演练规划、推进，审定方案脚本，组织协调会、推进会、预演； ③参演队伍、设备、车辆协调	参演2人，主任在指挥中心任应急指挥组组长，另一人在指挥中心负责演练导调工作
3	厅运输处	①配合录制前期短片； ②协调××客运站做好演练各项准备工作； ③组建交通运输应急保障队	参演2人，处长在指挥中心担任运输防控组组长，另一人组织运输保障队伍赴卫生健康委运送人员物资
4	厅养管处	①配合录制前期短片； ②协调××收费站做好演练各项准备工作	参演2人，处长在指挥中心担任公路保通组组长，另一人在××收费站负责指导协调
5	厅办公室	配合录制情景画面	参演1人，主任在指挥中心担任综合协调组组长
6	厅人事处	①配合录制情景画面； ②准备防护服、防护眼镜、口罩、手套各4套（提前录制用）	参演1人，处长在指挥中心担任内部防控组组长
7	厅建管处	配合录制情景画面	参演1人，处长在指挥中心担任工程建设防控组组长
8	省公路局	①配合录制情景画面； ②出动参演人员3人	①参演1人在指挥中心参加指挥部会议； ②参演2人在××收费站检疫站工作
9	省交控集团	①配合录制情景画面； ②组织所属相关单位参与演练； ③出动参演人员4人	①参演2人在指挥中心参加指挥部会议； ②参演2人在××收费站领导疫情防控工作
10	省路政总队	①配合录制情景画面； ②出动参演人员10人，2辆路政车	①参演2人在指挥中心参加指挥会议； ②参演8人在××收费站负责车辆疏导和安全保障
11	省疾控中心	①配合录制接警出动画面； ②出动参演人员8人； ③准备消杀、监测设备各4套	①参演4人在客运中心负责人员监测，车辆、环境消杀； ②参演4人在××收费站负责人员监测，车辆、货物消杀

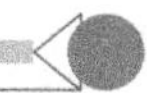

续上表

序号	单位名称	演练前期工作	演练中工作
12	××卫生健康委	①配合录制接警出动画面; ②出动参演人员4名; ③准备救护车辆2辆、监测设备4套、防护服15套,口罩40个	①参演2人在客运中心检疫点工作; ②参演2人在××收费站检疫点工作
13	省交通医院	①配合录制接警出动画面; ②出动参演人员9人; ③准备救护车辆3辆、监测设备2套、防护服32套,口罩30个	①参演1人在指挥中心参加指挥部会议; ②参演4人在客运中心负责人员检测,转运疑似病例1人及密接者; ③参演4人在××收费站负责人员检测,转运疑似病例2人
14	省高速公路运营管理公司(××收费站)	①配合录制接警出动画面; ②出动参演人员8人,含模拟人员2人; ③货运车1辆,模拟受污染车辆	①参演6人在××收费站工作; ②参演2人在××收费站充当模拟人员
15	省高速养护服务公司	①配合录制接警出动画面; ②出动参演人员6人,车辆1辆	参演6人在××收费站现场参加演练工作
16	××交警高速支队	①配合录制接警出动画面; ②出动参演人员4人,车辆1辆	参演4人负责高速公路道路交通疏导
17	××客运中心	①配合录制情景画面; ②参演人员25人(含模拟人员20人)	①参演5人在客运站工作; ②参演20人模拟驾乘人员,其中1人模拟疑似病例
18	省交通综合执法监督局	①配合录制情景画面; ②参演人员4人,车辆1辆	①参演4人在客运中心现场负责指导车辆检疫; ②协助完成客运中心临时路线规划
19	省路网中心	①配合录制情景画面; ②参演人员4人,应急指挥车1辆、应急通信车1辆; ③做好指挥中心与客运中心、××收费站的视频连接所有准备工作	①参演1人在指挥中心参加会议; ②保障1人负责通信保障,车辆驾驶人员2人
20	厅信息中心	参演2人,配合省路网中心做好指挥中心通信保障工作	①参演1人在指挥中心参加指挥部会议,负责演练宣传报道工作; ②保障1人负责演练期间音视频传输及通信保障
21	××交通运输局	①配合录制接警出动画面; ②参演人员2人,车辆1辆	参演2人在客运中心指挥现场处置工作

6. 相关要求

1)统一思想、迅速行动

此次演练点多面广、工作任务重,各参演单位要紧密配合,以良好的精神状态迅速投入各项筹备工作任务之中。各小组组长要亲力亲为,以高度负责的态度和务实创新的作风,切实做好演练各项准备工作。

2)加强沟通、担当尽责。

演练期间,各小组要牢固树立“一盘棋”思想,在领导小组的统一领导下,听从指挥、反应迅速、协调配合、步调一致。演练过程中,要坚持以大局为重,遇到问题和突发情况,第一时间报领导小组协调解决,确保演练顺利进行。

3)明确任务、确保安全。

各小组必须明确各自任务,积极推进。各演练队伍要认真准备、反复推演、精雕细琢演练科目。同时,参演单位和相关人员要牢固树立安全意识,不疏忽、不麻痹,确保演练圆满完成、万无一失。

4)认真总结、持续改进

演练结束后,厅领导在指挥中心对演练进行现场点评,厅应急办组织参演部门自评,总结演练中反映的问题,并作为下一步改进的依据,切实提高交通运输行业疫情联防联控能力。

二、演练脚本

演练脚本见表5-11。

演 练 脚 本 表5-11

进程	时间	人物	动作	内容	屏幕显示
Sc1	14:56	解说员	演练准备	(解说员)尊敬的各位领导: 大家好!这里是××省交通运输行业新冠肺炎疫情处置联合应急演练会场,请大家有序落座,演练即将开始。为全面落实习近平总书记关于疫情防控重要指示精神,切实提高我省交通运输行业应对突发重大公共卫生事件的能力和水平,进一步完善应急机制,强化应急保障,保障公路的安全畅通,保证应急人员和应急物资的紧急运输,有效防范疫情通过交通工具传播,今天我们以“桌面推演结合实战演练”的形式,组织开展××省交通运输行业新冠肺炎疫情处置联合应急演练。 演练模拟××省出现新冠肺炎确诊病例后,省新冠肺炎疫情防控处置工作指挥部(以下简称省疫情防控指挥部)启动Ⅱ级应急响应,××省交通运输厅根据《××省交通运输厅突发公共卫生事件应急预案》,启	字幕:××省交通运输行业新冠肺炎疫情处置联合应急演练

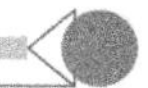

续上表

进程	时间	人　　物	动　　作	内　　容	屏幕显示
Sc1	14:56	解说员	演练准备	动Ⅱ级应急响应，厅党组书记、厅长×××同志亲临指挥，安排部署，狠抓落实，依托联防联控机制，配合当地政府切断疫情传播途径，及时组织开展联防联动的应急交通运输保障和疫情处置等工作。 下面请××省交通运输厅副厅长×××同志主持	字幕：××省交通运输行业新冠肺炎疫情处置联合应急演练
Sc2	14:57	主持人	演练介绍	【副厅长×××】尊敬的各位领导，同志们： 在演练正式开始之前，我先介绍一下今天在指挥中心参加演练活动的各位领导有：×××…… 本次演练由××省交通运输厅、××省公安厅、××省卫生健康委、××省应急管理厅、××省交控集团联合主办，省高速公路运营管理公司、省高速公路养护服务公司、省公路局、省路网中心、省路政执法总队、省交通综合执法监督局、省交通医院、省心脑血管病专科医院、××市卫生健康委、××市交通运输局、××区疾控中心、××区疾控中心、省公安厅交警总队高速交警支队、××高等级公路路政执法支队等单位参加演练。 现在请××省交通运输厅厅长×××同志启动演练	字幕：××省交通运输行业新冠肺炎疫情处置联合应急演练； 现场实景：主持人画面
Sc3	15:00	厅长	演练启动	【厅长】我宣布，××省交通运输行业新冠肺炎疫情处置联合应急演练，开始	现场实景：领导宣布演练开始画面
第一阶段：启动响应					
Sc4	15:00	—	播放视频1。 结束后接指挥中心实景	【情景1】××年1月底，时值春运期间，人员流动突增，国内零星散发病例和局部地区聚集性疫情明显增加。2月3日，××市××区发生聚集性疫情，××省新冠肺炎疫情防控处置工作指挥部宣布启动《××省突发公共卫生事件应急预案》Ⅱ级应急响应，要求全省各行业要严格执行疫情防控各项措施，做到“早发现、早报告、早隔离、早治疗”，坚决遏制疫情在××省境内	视频1：背景介绍

续上表

进程	时间	人　物	动　作	内　容	屏幕显示
第一阶段:启动响应					
Sc4	15:00	—	播放视频1。 结束后接指挥中心实景	传播,严防省外病例或无症状感染者流入省内。××省交通运输厅应急工作领导小组按照省疫情防控指挥部的统一部署,立即启动《××省交通运输厅突发公共卫生事件应急预案》Ⅱ级应急响应,成立省交通运输厅应对新冠肺炎疫情突发公共卫生事件应急工作领导小组(以下简称厅领导小组),指挥部设在省交通运输应急指挥中心	视频1:背景介绍
Sc5	15:03	厅应急工作领导小组	应急处置工作会议	(解说员)2月3日15:00,省交通运输厅各相关部门、厅属单位主要负责人在指挥中心召开第一次领导小组会议,研判当前公路交通疫情防控形势,明确各职能小组工作任务,全面部署应对疫情扩散和交通保障应急处置工作。会议由厅领导小组常务副组长兼办公室主任×××主持。 【厅领导小组常务副组长兼办公室主任:×××】同志们,现在召开省交通运输厅应对新冠肺炎疫情应急工作领导小组第一次会议,首先由厅党组书记×××同志传达省新冠肺炎疫情防控处置工作指挥部指示,并部署重点工作。 【厅领导小组组长】同志们,今天我省××市××区发生聚集性疫情,发生疫情的××市××区××××小区已划定为中风险管控区,全省新冠肺炎疫情防控形势陡然严峻。省新冠肺炎疫情防控处置工作指挥部已启动Ⅱ级应急响应,并要求交通运输部门全力配合属地人民政府和卫生健康部门切断疫情传播途径,控制疫情源头,保障公路交通畅通,各部门按照《××省交通运输厅突发公共卫生事件应急预案》分组分工职能要求展开工作。一是省交通运输厅及厅属各单位启动突发公共卫生事件应急预案Ⅱ级响应。二是做好内外上下舆情沟通工作。三是做好运输场站及客车的疫情防控监管工作。四是做好公路沿线收费站等重点区域保通及疫情防控工作。五是做好建设工程现场、单位人员的疫情防控工作。请各组结合各自职责立刻安排,并将安排落实情况及时报告	实景:指挥中心各组画面; 实景:会议画面

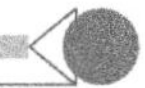

续上表

进程	时间	人　物	动　作	内　容	屏幕显示
第一阶段:启动响应					
Sc6	15:05	厅疫情防控工作组	各组报告已采取措施	【应急指挥组组长】报告厅领导小组,应急指挥组已与各组建立信息互通,向各市州交通运输局、所属单位和厅机关以电话形式下达我厅启动Ⅱ级应急响应情况,并对厅领导小组作出的各项安排已进行相应部署。稍后,以书面形式下达《××省交通运输厅关于启动应对新冠肺炎疫情Ⅱ级应急响应的通知》。下一步,将适时组织各应急工作组赴全省重点地区对应急响应工作进行督导检查。报告完毕。 【综合协调组组长】报告厅领导小组,综合协调组已协调厅应急办向交通运输部应急办、省政府总值班报告我厅启动Ⅱ级应急响应情况并确定信息报送渠道。同时,与相邻的××、××、××、××四省交通运输厅建立了信息共享机制;已安排厅办公室和厅新闻中心负责疫情防控宣传报道工作和舆情应对工作,并已落实机关各处室人员24h应急值守安排。报告完毕。 【运输防控组组长】报告厅领导小组,运输防控组已向各市州交通运输局下发道路运输领域疫情防控指导意见,派出督导人员重点指导运营车辆、站场检疫、消杀工作,由省交通运输综合行政执法监督局负责调集客货车共50辆组建运输应急保障队伍。报告完毕。 【公路保通组组长:×××】报告厅领导小组,公路保通组依托省路网中心监测系统,及时监控掌握高速公路、国省干线通行情况,利用公网对讲系统随时了解各路段、检疫站疫情防控情况,发现突发情况立即向厅领导小组报告;同时,已开始在全省范围内执行绿色通道政策,并指导各市州交通运输部门配合属地政府公安、疾控部门做好卫生检疫和消杀工作。报告完毕。 【工程建设防控组组长】报告厅领导小组,工程建设防控组已安排省交控集团、"PPP"(政府和社会资本合作)项目公司督促各公路项目建设单位和各参建单位采取	实景:会议画面

续上表

进程	时间	人　　物	动　　作	内　　容	屏幕显示
第一阶段:启动响应					
Sc6	15:05	厅疫情防控工作组	各组报告已采取措施	有效措施加强工程现场管控,严格实名制要求和人员、车辆进出工地登记,加强生活区、办公区的通风消杀等工作,建立全体人员健康档案,因地制宜设置医学隔离观察区,明确疑似病例上报制度,报告完毕。 【内部防控组组长】报告厅领导小组,内部防控组已通知厅属各单位做好一线干部职工工作期间的个人防护工作,正在拟定和准备下发《关于切实做好全省交通运输干部职工个人疫情防控和处置工作》的书面要求,向厅机关发放必要的防护器材620件已到位,严格了疫情防控期间登记、监测、会议、通勤等方面管理制度,并派员现场指导省交通医院、省交通学院按照省医疗、教育系统的统一部署开展疫情防控和处置工作。报告完毕。 【厅领导小组组长】同志们,春运期间人员集中流动性增大,疫情传播风险加大。各组要根据国务院联防联控机制春运工作专班印发的《综合运输春运疫情防控总体工作方案》和省新冠肺炎疫情防控处置工作指挥部指令,切实做好春运期间疫情防控工作,并依据《省交通运输厅突发公共卫生事件应急预案》,进一步细化任务分工,责任明确到人,竭尽全力降低因春运造成的疫情传播风险;密切关注全省各地交通运输重点部门疫情防控和处置发展动态,视情派出现场工作组,赴事发地配合当地政府做好交通应急处置工作;各组组长保持手机通信畅通,24h待命。 【各应急工作组组长】是	实景:会议画面
第二阶段:应急处置					
Sc7	15:08	—	播放视频2	【情景2】××年2月5日上午,省交通运输厅接到省疫情防控指挥部办公室的协查通报,××州××县一名人员为××市××区某确诊病例的密切接触者,要求迅速排查管控,厅领导小组立即安排全省汽车客运站、高速公路收费站严密排查。当日下午14:30,××汽车客运站安全员发现一	视频2:事件情景

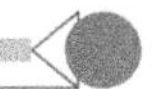

续上表

进程	时间	人　物	动　作	内　容	屏幕显示
第二阶段:应急处置					
Sc7	15:08	—	播放视频 2	名旅客连续干咳、有呼吸困难症状,立即向驻站检疫组报告。驻站检疫组检测旅客体温达38℃,将该旅客引导至隔离观察室检查、询问,得知该旅客因××市××区亲属结婚,于2月3日上午自驾车辆去过××市××区××小区。2月3日下午返回后车辆停放××区自家楼下停车场,其后居家未外出。2月5日中午时分,自感发热有点不舒服,自己服用退烧药后步行前往××客运站准备去××县老家办事。下午14:20在售票处购买14:40发往××县的车票,健康码显示“绿码”,进站时测量体温正常,之后一直在候车室。根据旅客症状和工作人员的询问,检疫组确定该人员即为××市××区××确诊病例的密切接触者,由于该旅客进站已经10min,接触人员较多,传播风险很高,候车室内30名旅客和8名工作人员均有感染风险。××客运站立即启动《××客运站传染病防治及突发公共卫生事件应急预案》,安排客运站人员立即采取措施控制人员流动,暂停人员进站,暂停客车发班,站内驾驶员全部疏散至户外,所有工作人员做好个人防护。检疫组立即向××区疾控中心报告,××区疾控中心立即向××区卫生健康局报告,××区卫生健康局向××市卫生健康委报告,同时客运站向××市交通运输局报告。因事态严重,××市交通运输局报告省交通运输厅应急办公室,××市疫情防控指挥部办公室将此情况报告省疫情防控指挥部办公室	视频 2:事件情景
Sc8	15:11	应急指挥组、厅领导小组、运输防控组	应急指挥组报告突发情况	【应急指挥组组长】报告厅领导小组办公室,刚刚接到××市交通运输局报告××客运站发现可疑病例,初步判断为××市××区某确诊病例的密切接触者,该旅客在候车室滞留10min后被发现,接触人员众多,传播风险很高;同时收到省疫情防控指挥部通知,要求交通运输部门全力配合××市疫情防控指挥部做好应急处置工作。报告完毕。	实景:报告画面 实景:发布指令

续上表

进程	时间	人物	动作	内容	屏幕显示
第二阶段:应急处置					
Sc8	15:11	应急指挥组、厅领导小组、运输防控组	应急指挥组报告突发情况	【厅领导小组常务副组长兼办公室主任】运输防控组立即派员联合××市交通运输局赴现场组织协调应急处置工作。一是要立即封闭客运站,严格落实发现病例隔离防范工作,做好人员流动管控,防止站内人员流动及流入流出;二是要立即安排客运站对14:00之后有可能与病例直接或间接接触的购票人员、候车人员、服务人员、已发班车辆驾乘人员进行全面排查;三是积极配合卫生健康部门做好站内防疫消杀和流行病学调查工作。 【运输防控组组组长】是,我组立即调派人员赶赴现场	实景:报告画面 实景:发布指令
Sc9	15:13	省运输执法局、××市交通运输局	赶赴现场	(配音)根据××客运站疫情应对处置需求,运输防控组由省交通运输综合行政执法监督局联合××市交通运输局集结人员,赶赴现场处置。同时,省心脑血管病专科医院、××区疾控中心接省、市两级疫情防控指挥部指令,组织卫生应急人员赶赴现场	视频3:增援客运中心
Sc10	15:14	××区疾控中心	流行病学调查,密接者确认	(解说员)14:50,××区疾控中心工作人员到达现场,××客运站引导流行病学调查人员收集发病旅客资料信息,对该旅客的行程轨迹和接触史进行详细地记录和调查	实景:流调
Sc11	15:15	省心脑血管病专科医院	运送疑似病例	(解说员)14:52,省心脑血管病专科医院负压救护车到达客运站,医护人员指导该旅客佩戴医用外科口罩,登上负压救护车。救护车缓缓驶出客运中心,前往定点医院做进一步检查和治疗	实景:可疑病例运送
Sc12	15:17	××交通运输局客运中心	现场分工	(解说员)运输防控组和××市交通运输局现场处置人员到达现场。客运站负责人向××市交通运输局带队领导报告现场处置情况。带队领导立即部署应急处置工作:一是临时封闭客运站出入口,候车室外已购票旅客在落客区等候;二是候车大厅内所有旅客与工作人员依次登记个人信息,由疾控人员采集核算监测样本,同时安	视频4:任务分工

续上表

进程	时间	人　物	动　作	内　容	屏幕显示
第二阶段:应急处置					
Sc12	15:17	××交通运输局客运中心	现场分工	排专人做好解释和旅客安抚工作;三是通过监控系统和售票系统排查可疑病例排队购票期间及之后接触的购票人员和服务人员信息;四是立即排查14:00之后从××客运站发出的客运班车乘客;五是所有信息及时向现场疾控人员提交,全力配合流行病学调查	视频4:任务分工
Sc13	15:18	执法大队	封闭出入口	(解说员)××市交通运输局行政执法人员根据运输防控组指令立即封闭客运站进出口,引导站前广场上已购票旅客在客运站落客区等待	实景:封闭出入口
Sc14	15:19	客运站工作人员、××区疾控人员	引导旅客登记采样	(解说员)××客运站立即设立登记点和采样点,客运站工作人员引导旅客依次排队,由登记人员对照乘客身份证登记,主要信息包括姓名、身份证号码、来源地、目的地、体温、联系电话等。登记过程中所有旅客保持1m以上安全距离。由客运站稽查人员维持现场秩序并安抚旅客情绪。信息登记完毕,由疾控人员依次采集核酸样本。采样完毕的旅客在候车大厅北侧等待	实景:信息登记、采样
Sc15	15:20	客运站工作人员	密切接触者排查	(配音)客运站工作人员立即调取14:00之后监控画面和售票信息,提供可疑病例活动轨迹以便疾控部门排查密切接触者	视频5:排查与车辆管控
Sc16	15:20	运输公司	在途车辆管控	(配音)根据排班表,客运站分别通知14:00之后发班客车所在公司,立即调度车辆就近接受所在地疾控部门疫情检测,由客车驾乘人员安抚旅客情绪	
Sc17	15:21	客运站模拟人员	采样完毕,密接者运送	(解说员)根据疾控部门密切接触者排查结果,6名旅客和工作人员属次密接者,需在定点隔离酒店集中隔离观察。省心脑血管专科医院调来负压救护车,运送6人前往定点酒店。同时核酸检测样本全部采集完毕,由标本运送车送往定点医院检测	实景:密接者运送
Sc18	15:22	客运站模拟人员	其他旅客分流	(解说员)经仔细排查,再无密切接触者,其余旅客在候车大厅北侧等待核酸检测结果	实景:旅客等待

续上表

进程	时间	人物	动作	内容	屏幕显示
第二阶段:应急处置					
Sc19	15:23	客运站、××区疾控	候车大厅消杀	(解说员)疾控人员指导客运站工作人员对候车大厅从南到北进行全面消毒,重点对座椅、扶手、包裹、出入口门把手进行消杀。新型冠状病毒传播途径,主要为经呼吸道飞沫传播、密切接触传播,如果在相对密闭的环境中长时间暴露于高浓度气溶胶环境下,也可存在经气溶胶传播的可能。因此,发现感染人员或者疑似感染人员要及时进行隔离,对环境要进行全面消杀	实景:候车大厅消杀
Sc20	15:25	客运中心、××区疾控中心	站场消杀	(解说员)候车大厅消杀完毕,××区疾控中心指导客运站对站前广场进行全面消杀。疫情就是命令,防控就是责任。面对新冠肺炎疫情反弹趋势,针对我省疫情防控形势,根据省委省政府和省疫情防控处置工作指挥部安排部署,我省各部门迅速响应,打响了疫情防控阻击战,通过外防输入、内防反弹,防之有方、防之有力、防之有效,控之在早、控之在快、控之在严,不漏一人、不落一车,构筑起人人防控、人人监督、人人受益的疫情防控防线。 6h后,核酸检测结果公布,该名可疑病例首次核酸检测结果为阳性,与其接触的38人首轮核酸检测均为阴性,结果已报省疾控中心复核。根据××市疫情防控指挥部处置意见,1名疑似病例入院治疗,6名密切接触者在指定酒店集中隔离观察,在候车大厅内等候的32名其他接触人员居家隔离观察,做好个人卫生管理,并主动向居住地社区报告	实景:站场消杀
Sc21	15:27	厅运输处、厅领导小组厅办公室	处置情况报告	【运输防控组组长】报告厅领导小组,××客运站可疑病例已转送至医院,站场、候车大厅均已经过全面消杀作业,具备正常运营条件,××市交通运输局现申请恢复正常运营,请指示。 【厅领导小组组长】同意恢复运营,继续加强班线客车、客运站人员排查力度,同时要加强客运站安全管理和车辆的安全例检,在阻止疫情通过交通工具传播的同时,确保客运站安全运营和旅客的安全出行。	实景:报告画面

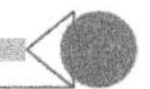

续上表

进程	时间	人　物	动　作	内　容	屏幕显示
第二阶段:应急处置					
Sc21	15:27	厅运输处、厅领导小组厅办公室	处置情况报告	【运输防控组组长】是。 【厅领导小组常务副组长兼办公室主任】综合协调组向交通运输部、省新冠肺炎疫情防控处置工作指挥部报告处置情况,并做好续报工作。 【综合协调组组长】是	实景:报告画面
Sc22	15:28	—	播放视频6	(配音)2月5日15:00,省界收费站对进入省界的外省车辆进行检疫,发现来自沿海地区的冷链运输车辆上两名驾乘人员有明显发热症状,伴随干咳,经询问该车辆途经某中风险管控区。检疫人员将此情况分别报告当地区疾控中心,区疾控中心派员赶赴现场并向××区卫生健康局报告,按照疫情防控相关规定,各级卫生健康部门逐级上报至省疫情防控指挥部办公室。同时,省界收费站立即启动《主线收费站疫情防控应急预案》,采取临时隔离留观措施应对,因处置此突发事件,导致大量车辆滞留,收费站立即将发现可疑病例及收费广场车辆滞留的情况向省高速公路运营管理公司报告,公司领导立即启动《省高速公路运营管理公司突发公共卫生事件应急预案》,组织人员赶赴现场支援,并向省交通运输厅应急办报告此情况	视频6:收费站发现病例
Sc23	15:30	厅应急办、厅领导小组、厅养管处	信息报告	【应急指挥组组长】报告厅领导小组,在省界收费站,一辆冷链专用运输车两名驾驶人员被检疫组初判为可疑病例,已对两人采取临时隔离医学观察措施。处置过程中收费站发生了交通堵塞和大面积车辆积压现象,省高速公路运营管理公司已派员赶赴现场,并请求支援。报告完毕。 【厅领导小组常务副组长兼办公室主任】根据目前疫情防控形势,该车辆不宜进入集散地,应在收费站就地处置。处置所需人员、医疗物资、防护物资,由运输应急保障队运送至省界收费站;公路保通组立即派员赶赴现场,采取措施保障道路畅通。按照属地管理原则,综合协调组立即衔接××市指挥部办公室,请求及时应对处置。	实景:报告画面

续上表

进程	时间	人　物	动　作	内　容	屏幕显示
第二阶段:应急处置					
Sc23	15:30	厅应急办、厅领导小组、厅养管处	信息报告	【公路保通组组长】是,我组立即调派人员赶赴现场。 【综合协调组】是,我组协调新冠肺炎疫情防控办公室立即与××市疫情防控指挥部衔接	实景:报告画面
Sc24	15:31	运输应急保障队、路政执法总队、高速公路养护服务公司	赶赴现场	(配音)接到厅领导小组指令,运输应急保障队立即前往卫生健康部门指定地点运输应急处置人员和物资,沿途由交警疏导交通,保障车辆快速通行。同时公路保通组协调××高等级公路路政执法支队、省公安厅交警总队高速交警支队、省高速公路养护服务公司应急力量赶赴现场保通保畅	视频7:增援收费站
Sc25	15:33	××区疾控中心	流行病学调查,冷链运输车辆检疫	(解说员)××市疫情防控指挥部调集××区疾控中心和医疗机构负压救护车相继到达现场,在收费站工作人员引导下到达临时隔离点,疾控人员立即对冷链运输车辆两名驾乘人员进行流行病学调查,并对冷链专用运输车设置警戒后采集环境样本和承运货物样本	实景:流调、货物检疫
Sc26	15:34	交通医院	疑似病例运送	(解说员)卫生健康部门医护人员带领两名驾乘人员登上负压救护车,送往指定医院检查治疗	实景:疑似病例运送
Sc27	15:37	省高速运营公司、省高速养护服务公司、交警、路政人员、交通医院	公路保通组到达制定方案	(解说员)公路保通组和省交控集团增援队伍到达省界收费站,由省交控集团带队领导召集已到达现场的疾控、交警、路政、养护部门负责人制订现场处置方案。决定立即增设两个检疫点,共开放三个车行通道,由收费站和卫生健康人员检疫,养护人员摆放标志,交警、路政人员疏导交通,引导车辆有序通过	实景:制订方案
Sc28	15:38	收费站、交通医院	增设检疫点	(解说员)收费站工作人员、当地卫生健康部门检疫人员立即进入第二、第三收费岛,设置检疫点。根据车辆类型分别设小客车检疫通道、大客车检疫通道、货车检疫通道	实景:增设检疫点
Sc29	15:39	高速公路养护服务公司	摆放指示板,摆放锥形筒	(解说员)省高速公路养护服务公司工作人员立即在相应车道摆放指示板分别标识车辆类型,重新摆放锥形筒,开放车行通道	实景:摆放指示板,摆放锥形筒

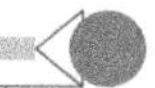

续上表

进程	时间	人　　物	动　　作	内　　容	屏幕显示
第二阶段:应急处置					
Sc30	15:40	交警、路政人员	疏导交通	(解说员)路政人员在远端引导车辆进入相应通道接受检查,交警分别在各车道维持秩序,滞留车辆通行速度立即加快。为全面防控新冠肺炎疫情,省交通运输厅严格履行交通检疫职责,全面布防,重点布控,坚决切断疫情传播蔓延链条。同时为尽量降低疫情对旅客出行的影响,协调路、警、企三方力量,调集大量人员,配合卫生健康部门在各收费站增设检疫点,提高通行效率,守护××省××年春运的全面胜利	实景:路政人员引导车辆,交警维持秩序
Sc31	15:41	检疫点工作人员、车辆	车辆检疫	(解说员)客车到达指定车道后,驾驶员登记信息,检疫人员登车对所有人员进行健康检测,并提醒乘客戴好口罩。检疫人员快速检测,很快完成检测,检疫人员下车后车辆通行。 货车及冷链食品运输车辆进入指定车道后,由工作人员对驾乘人员进行体温检测、登记。对货物进行登记无误后即可通行。 ××省交通运输部门坚持预防为主、常备不懈的原则,落实各项防控措施,通过日常培训和检查做好人员、技术、物资和设备的应急储备工作。在疫情防控期间,各单位、各部门在卫生健康部门的指导下积极参与疫情联防联控,为疫情、病例的早发现、早报告、早处置尽其所能	实景:各通道有序检疫通行
Sc32	15:44	××区疾控中心	准备车辆消毒转运车辆到达	(解说员)6h后,疾控部门通报,两名驾驶员核酸检测结果为阳性,所采取货物样品一份为阳性,××区疾控中心卫生应急队伍立即开展终末消毒工作,并由相关部门向该车辆来源地政府通报	实景:准备工作
Sc33	15:46	××区疾控部门	内部消杀	(解说员)疾控人员对冷链专用运输车驾驶室、车辆外部、货仓内壁、承运货物及地面进行消毒处理。在疾控部门和省高速公路运营管理公司的相互配合下,消杀工作有序进行。××省交通运输行业在新冠肺炎疫情防控工作中遵循突发公共卫生事件发展规律,充分尊重和依靠科学,加强与卫生健康部门、医疗卫生机构专家队伍的协调联动,及时获取专业技术保障,制定科学的处置方案,有效应对突发公共卫生事件	实景:全面消杀

续上表

进程	时间	人　物	动　作	内　容	屏幕显示
第二阶段:应急处置					
Sc34	15:47	检疫组	移交	(解说员)现在冷链运输车辆消毒完毕,检疫组移交××市疫情防控指挥部对货物采取严格管控	实景:车辆移交
Sc35	15:47	厅养管处、厅领导小组、厅办公室	报告处置情况	【公路保通组组长】报告领导小组,省界收费站疑似病例已接受隔离治疗,冷链运输车辆经过全面消杀,已移交当地疫情防控指挥部,收费站通行畅通,公路保通组请示下一步工作。 【厅领导小组组长】继续加强收费站卫生检疫力量和公路保通力量,安排好轮换人员,做好自身防护。 【公路保通组组长】是。 【厅领导小组常务副组长兼办公室主任】综合协调组向交通运输部、省新冠肺炎疫情防控处置工作指挥部报告处置情况,并做好续报工作。 【综合协调组】是	实景:报告画面
第三阶段:常态防控					
Sc36	15:48	—	播放视频8	(配音)2021年2月下旬,全省14日内无新增病例,无疑似病例。××省疫情防控指挥部决定降低响应等级为Ⅳ级。××省交通运输厅随即调整应急响应级别,转入Ⅳ级防控。全面落实常态化防控措施,厅属各单位24h值班值守,厅运输处继续督促各市州交通运输主管部门开展辖区运输企业、场站、设施、设备疫情防控措施监督检查;厅养管处督促省公路局、省交控集团、省路政执法总队做好公路应急保通保畅各项准备及省界高速公路出入口疫情管控工作;厅建管处督促在建项目落实主体责任和防控措施;厅人事处加强干部职工人员管理和职工健康监测。××省交通运输行业凝心聚力、众志成城,在疫情防控阻击战中始终站在第一线。展望未来,更要直面风险挑战,坚定必胜信心,风雨无阻、逐梦前行	视频8:常态防控

续上表

进程	时间	人　物	动　作	内　容	屏幕显示
第四阶段:总结评估					
Sc37	15:50	专家	演练结束点评	【解说员】演练科目全部完成,请专家点评。 【省卫生健康委、省应急管理厅专家】点评。 【解说员】请观摩领导讲话。 【解说员】请副厅长×××同志进行演练总结。	字幕××省交通运输行业新冠肺炎疫情处置联合应急演练
Sc38	16:00	厅长	宣布演练结束	【厅长】我宣布,××省交通运输行业新冠肺炎疫情处置联合应急演练,圆满结束。大家辛苦了	现场实景

第四节　××公路管理局国防交通专业保障队伍战备钢桥架设应急演练

一、演练方案

1.编制依据

《中华人民共和国突发事件应对法》《××公路交通突发事件应急预案》《××公路管理局公路突发事件应急预案》《××公路管理局养护作业安全手册》。

2.演练内容

受短时强降雨影响,××公路管理局管理养护的××公路××桥出现险情,桥梁断裂、道路中断。××公路管理局高等级公路养护管理中心接到公路巡查队队长×××报告后,立即上报××公路管理局应急指挥中心。中心接到报告后及时将××公路××桥出现险情,致使交通中断信息上报省厅、局应急办,并即刻启动《××公路管理局公路突发事件应急预案》,同时指令局应急抢险保障中心(简称应急中心)和高等级公路养护管理中心(简称高养中心)联合组织应急抢险。××局应急抢险保障中心紧急通知应急突击、设备材料、应急技术、后勤保障四个行动分队人员迅速集结,与此同时,××公路高等级公路养护管理中心也接到××局指令迅速集结人员。应急中心和高养中心人员迅速赶赴战备库房吊装钢桥桁架片、横梁、面板等构件,按各自的职责和时限要求,急赴事故现场,一场统一领导、分级负责、反应及时、措施果断、保障有力的应急抢险迅速展开。

3.指导思想

坚持统一领导、分级负责、反应及时、措施果断、保障有力的原则;力求做到实地、实兵、实效,通过示范培训提升钢桥架设能力。

4.演练目的

迅速、准确、有效处置突发事故,最大限度减少人员伤亡和财产损失,保障安全稳定的社会秩序;提高公路系统各单位、部门协同联动处置各类突发性事件的能力,检验现有应急抢险队伍实战能力和应急抢险装备;进一步明确应急抢险工作的职责和任务,提高各单位、部门在应急抢险中的相互配合能力,提高参与抢险人员的相关技能。

5. 演练形式

本次演练采取现场演练与同步 LED 大屏视频相结合的演练方式,现场由解说员对整个演练过程进行现场解说。

6. 组织机构

1)应急演练指挥部

总 指 挥:×××

副总指挥:×××

职　　责:负责统筹组织演练,指导各组做好各项工作。

2)现场指挥部

总 指 挥:×××

副总指挥:×××

职　　责:(1)协调并召开演练联席会议,分解演练任务;

(2)负责制订战备钢桥应急架设演练现场处置方案;

(3)负责提供演练所需场地、辅助设施及其他演练场景的各项筹备工作;

(4)负责协调应急演练各小组所需机械设备、物资准备工作,处理指挥部安排的其他工作任务;

(5)演练现场的布置工作;

(6)负责演练方案策划和制订。

3)会务组

职责:负责引导列队成员、观摩人员、新闻媒体就位和接待等后勤工作。

战备钢桥架设应急演练组织结构如图 5-2 所示。

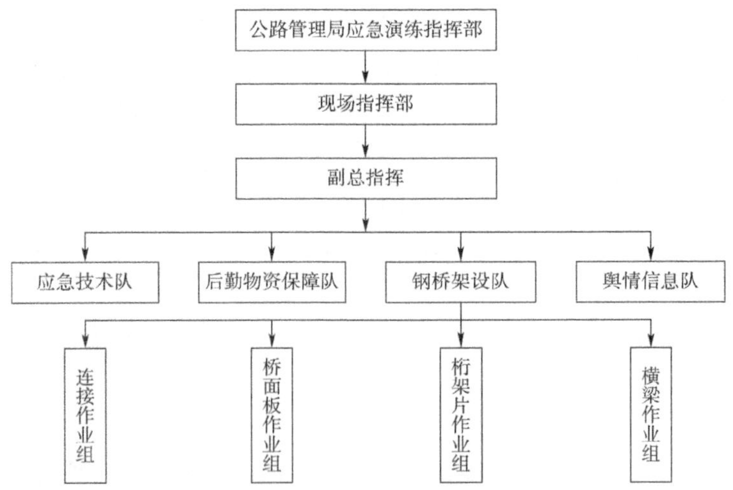

图 5-2　战备钢桥架设应急演练组织结构图

7. 主办单位

××公路管理局。

8. 承办单位

××公路管理局应急抢险保障中心，××公路管理局高等级公路养护管理中心。

9. 技术支持单位

××制造有限公司。

10. 时间地点

时间：××年9月29日上午9:00。

演练地点：××高速公路××服务区。

11. 参加人员

××交通运输厅副厅长×××，××公路管理局局长×××，××交通运输厅交通战备办公室主任×××，××交通运输厅公路处处长×××，××公路管理局副局长×××，××交通战备办公室副主任×××，××公路管理局领导、各科室负责人、各基层单位党政负责人以及××区、××区、××区、××交通战备库房负责同志。

12. 新闻媒体

××电视台、××日报、××经济日报。

13. 演练程序

(1)参演人员及车辆在各自指定位置待命。

(2)主持人介绍嘉宾、介绍参演单位。

(3)××公路管理局高等级公路养护中心主任×××报告演练准备就绪。

(4)××公路管理局局长宣布演练开始，并逐步进行。

(5)演练各分队到达演练现场，报告现场总指挥并接受抢险任务，参与具体抢险工作。完成抢险并向总指挥报告抢险结果。

(6)演练结束各应急分队及参演人员列队到指定位置集合。

(7)××公路管理局×××点评。

(8)××公路管理局局长×××讲话。

(9)应急抢险演练结束。

14. 应急抢险演练职责

1)钢桥架设队

队　长：×××

副队长：×××

成　员：×××

职　责：(1)落实现场指挥部和总指挥的各项指令；

(2)负责应急架桥处置方案的具体实施；

(3)快速集合队员，下设连接组、桥面板组、桁架片组、横梁组，积极响应架桥处置方案，确保迅速有效地展开作业。

2)应急技术队

队　长:×××

成　员:×××

职　责:(1)全面负责应急架桥的技术方案;

(2)下设模型组和抄平组,演练现场模型组组装模型桥;

(3)完成应急架桥现场指挥部交办的其他事项。

3)后勤物资保障队

队　长:×××

成　员:×××

职　责:(1)落实应急架桥现场指挥部和总指挥的各项指令;

(2)负责演练现场野营餐车餐品食材采购加工,负责宿营车的卫生、取暖、供电等保障;

(3)完成应急架桥现场指挥部交办的其他事项。

4)舆情信息队

队　长:×××

职　责:(1)负责新闻媒体的现场摄像、拍照及宣传报道等相关事务;

(2)负责向政府通报灾害情况。

15. 演练步骤

9:20 参演人员及车辆在各自指定位置待命。

9:25 现场副总指挥×××向演练总指挥报告:"演练准备完毕,请指示!"

9:30 演练总指挥宣布:"××公路管理局国防交通专业保障队伍战备钢桥架设应急演练,现在开始!"

9:35 现场解说开始,播放模拟视频。

(1)第一阶段:险情突发,预案启动,先期控制。

此阶段任务:演练和验证险情报告、接报、处置的程序;演练应急初期的判断、应急预案的启动。

9:36 高等级公路养护中心主任×××接到公路巡查队队长×××报告后,×××立即将相关情况上报××公路管理局应急指挥中心。

9:37 ××局接到报告后及时将××公路××桥出现险情,致使交通中断的信息上报省厅、局应急办,并即刻启动《××公路管理局公路突发事件应急预案》,同时指令局应急抢险保障中心和高等级公路养护管理中心联合组织应急抢险。

(2)第二阶段:统一指挥,全力配合,紧急处置。

此阶段任务:钢桥架设队负责全面开展战备钢桥架设。

9:38 后勤物资保障队运输车拉运战备钢桥到达现场,并向现场总指挥报告。

9:39 钢桥架设队下设连接组、桥面板组、桁架片组、横梁组,积极响应架桥处置方案。

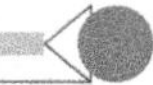

9:40 应急技术队模型组架设模型桥。

9:47 后勤保障队公路应急野营餐车开始烹饪。

9:50 舆情信息队向社会通报救灾现场情况。

9:54 队员已顺利完成鼻架的拼装。

10:30 正桥拼装完毕。

(3)第三阶段:协同作战,恢复现场。

此阶段任务:确定现场为安全状态,清理现场,各小组集合。

10:36 人员集结在重要指定位置,准备推桥。

10:38 拆除鼻梁、准备落座。

10:45 安装桥头引桥。

10:47 请示现场总指挥并顺利通车。

10:49 现场副总指挥×××向××公路管理局局长报告。

10:50 报告总指挥:演练已完成全部既定科目,请您指示!

10:55 ××公路管理局党委书记点评。

11:00 ××公路管理局局长讲话。

11:00 战备钢桥应急架设演练结束。

16. 演练原则

(1)实战性原则。实景启动××公路管理局突发事件应急预案及相关单位、部门应急预案,力求做到实地、实兵、实装、实效。

(2)检验性原则。重点检验××公路管理局应急预案及相关单位、部门预案的可操作性和应急快速响应能力。

(3)特色性原则。钢桥模型与实景钢桥同时搭建比拼。

(4)综合性原则。体现应急指挥与行动的综合协调,应急组织体系联动响应,相关单位、部门的响应与行动。

(5)示范培训原则。通过开展示范演练,促进应对突发事件应急响应工作交流,培训提升突发事件应急响应能力。

(6)安全性原则。确保演练参演人员安全。

17. 工作要求

(1)各参演分队要制订详细、科学的应急演练实施方案,明确分工,前期周密部署,使参演各分队、小组全面了解演练的目的、内容、步骤。

(2)针对本次演练方案制订预演时间推进表进行预演练。

(3)演练过程中,加强安全意识培训教育,确保演练安全进行。

(4)演练过程中,参演人员需及时向演练指挥部反馈在演练过程中遇到的问题。

(5)演练期间,各专业演练组在指挥部统一领导下,按照各自分工,积极准备、周密部署、责任到人,及时协调和解决工作中遇到的困难和问题,确保活动高标准完成。

二、演练脚本

动作处置:各参演单位、各方队集合于现场,设备等准备完毕,请观摩嘉宾就座观摩台。

【9:00】现场指挥员:整队。

(男)尊敬的各位领导、各参演单位:

为了加强和规范公路突发事件的应急管理工作,建立并完善应急管理体制和机制,建立健全统一指挥、反应灵敏、运转高效的应急体系,有效预防、及时控制和消除公路突发事件的危害,按照统一领导、分级负责、反应及时、措施果断、保障有力的原则,坚持以人为本、以防为主,确保突发事件得到有效的控制和消除,达到公路安全畅通的目的。提高公路各部门、单位联动处置各类公路突发事件的能力,检验×××公路管理局现有应急抢险队伍实战能力。进一步明确公路各部门、单位在应急救援工作中的职责和任务,提高各部门、单位在应急救援中的相互配合能力,提高参与救援人员的相关技能。

(女)今天,由××公路管理局主办、××局应急抢险保障中心和高等级公路养护管理中心承办的国防交通专业保障队伍战备钢桥架设演练活动即将开始,这次演练旨在检验××公路管理局处理突发事件的技术装备和应急反应能力,强化应急处置,完善应急预案,健全应急抢险各部门、单位协调联动机制,打造一支作风扎实、业务精通、行动迅速,能应对各类突发事件的"精兵强将",为经济社会健康有序、快速稳定发展作出更好更大的贡献。

(男)出席今天演练活动的领导和人员有:

××公路管理局领导、各科室负责人及各基层单位党政负责人以及××区、××区、××区、××交通战备库房负责同志。

(女)出席今天演练活动的新闻媒体有:

××电视台、××日报、××经济日报、中国××网。

(男)让我们以热烈的掌声,向出席今天演练活动的各位领导表示诚挚的欢迎和衷心的感谢!

(女)现在开始进行"××公路管理局国防交通专业保障队伍战备钢桥架设应急演练",请现场副总指挥向演练总指挥同志汇报演练准备工作情况。

现场总指挥:报告总指挥,各演练单位已准备就绪,请您指示!

演练总指挥:我宣布,××公路管理局国防交通专业保障队伍战备钢桥架设应急演练,现在开始!

现场副总指挥:是!(扣扳发令枪)

(男)请各参演单位人员和装备集结到指定位置,观摩人员到达指定观摩区域。

现场指挥员:左转弯,跑步走。

(播放前期录制视频)

(画外音)受短时强降雨影响,××公路管理局管养的××公路××桥出现险情,桥梁断裂、道路中断。××公路管理局高等级公路养护管理中心接到公路巡查队队长×××报告

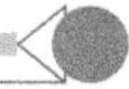

后，立即上报××公路管理局应急指挥中心。××局接到报告后及时将××公路××桥出现险情，致使交通中断的信息上报省厅、局应急办，并即刻启动《××公路管理局公路突发事件应急预案》，同时指令××局应急抢险保障中心和高等级公路养护管理中心联合组织应急抢险。××局应急抢险保障中心紧急通知应急突击、设备材料、应急技术、后勤保障四个行动分队人员迅速集结，与此同时，××公路高等级公路养护管理中心也接到××局指令迅速集结人员。应急中心和高养中心人员迅速赶赴战备库房吊装钢桥桁架片、横梁、面板等构件，按各自的职责和时限要求，急赴事故现场。一场统一领导、分级负责、反应及时、措施果断、保障有力的应急抢险迅速展开……

公路巡查队队长：主任，我是巡查队队长×××。

高养中心主任：请讲。

公路巡查队队长：××公路××桥桥体断裂，道路中断，情况紧急，请指示！

高养中心主任：继续观察灾害动态，及时汇报并立刻安排设立公路警示牌，我马上向××局应急指挥中心汇报。

（画外音）高养中心主任电话报告××局应急指挥中心×××主任：××公路××桥桥体断裂，道路中断，情况紧急。

（画外音）应急指挥中心×××主任立即向××公路管理局局长汇报。

应急指挥中心主任×××：局长，××公路××桥桥体断裂，道路中断，情况紧急，请指示。

（画外音）接到××公路××桥桥体断裂汇报后，××公路管理局成立了以局长为组长、局其他领导为副组长、各科室负责人为成员的××公路交通应急抢险指挥部，负责组织、协调、指挥公路部门应对此次应急保畅工作。同时，成立现场应急指挥部，由××公路应急抢险保障中心主任××担任现场总指挥，现场副总指挥由××高等公路养护管理中心×××主任担任，以中心总工程师、队长为成员，指挥、调度现场救援队开展救援工作。

（画外音）经现场指挥部根据现场情况研判，决定请求××公路管理局抢险指挥部架设15m战备钢桥。

（画外音）××公路管理局应急抢险指挥部经请示省交通运输厅交通战备办公室后，指令应急中心和高养中心组织将15m“321”型钢桥运载到灾害现场，同时调集应急中心、高养中心50名钢桥架设技术人员到指定地点集结。

（画外音）在这紧急时刻，×××主任主持召开现场指挥部会议，任命各队队长：钢桥架设队队长由××公路管理局应急抢险保障中心负责同志担任；应急技术队队长由××公路管理局应急抢险保障中心负责同志担任；舆情信息队队长由××公路管理局高等级公路养护管理中心负责同志担任；后勤物资保障队队长由××公路管理局高等级公路养护管理中心负责同志担任。另外钢桥架设队按照要求快速分设连接作业组、桥面板作业组、桁架片作业组、横梁作业组。

（画外音）各小组按现场指挥部的分工迅速开始行动。15m“321”型钢桥装车完毕，迅速驶出××高养中心大门,疾驰驶向××公路××桥灾害点,一场应急抢险活动迅速展开……

(前期视频播放完毕)

(女)后勤物资保障队到达现场。

后勤物资保障队:报告总指挥,我队拉运15m战备钢桥及配件到达现场,请指示!

现场副总指挥:负责机械设备的油料供给和抢险人员的后勤保障。

后勤物资保障队:是。

应急技术队:报告总指挥,应急技术队达到现场,请指示!

现场副总指挥:立即在架桥现场抄平,建立模型,保障技术。

应急技术队:是

钢桥架设队:报告总指挥,钢桥架设队60人分5个组到达现场,请指示!

现场副总指挥:马上展开行动。

钢桥架设队:是。

舆情信息队:报告总指挥,舆情信息队到达现场,请指示!

现场副总指挥:向局抢险指挥部及时上报抢险救灾情况,并通过热线电话、网站、手机短信、广播等方式发布交通阻断信息和绕行路线信息。

舆情信息队:是。

(男)后勤物资保障队布设施工作业区安全设施,立刻展开作业。

(女)应急技术队组织技术人员对河面进行勘查和评估,并确定科学架桥方案。

(男)今天演练的"321"型钢桥,从1965年定型生产以来,在我国得到了很大发展,尤其是在军事运输、抢险救灾应急交通保障中,发挥了突出的作用,充分显示了其快捷方便的特点。

(女)"321"型钢桥架设分为5个步骤:鼻架的拼装、主梁的拼装、桥梁的推进、桥梁的落座、引桥的安装。队员们正在紧张进行拼装桥梁鼻架。鼻架的长度是根据主桥的长度而确定的,其余是保证拼装好的桥梁,在推出时的重心始终保持在推出岸的一端,防止桥梁在推出过程中向下倾倒掉入河中。

(男)队员们严格按照分工,动作准确,技术熟练,要领规范,紧张有序,配合默契,一丝不苟安全快速地进行拼装,钢桥在"钢铁战士"面前正不断向前延伸。

(女)"321"型钢桥架设的方法有很多,如悬臂推出法、浮运架设法、整孔吊装法、就地拼装法等。今天我们采用的是悬臂推出法。该方法架设迅速,安全可靠,不需要大的起重设备,工人稍加培训就能承担架桥任务。

(男)所谓"悬臂推出法",就是在河流两岸,先安装好摇滚和平滚,桥梁大部分构件,在推出岸的滚轴上预先拼装好,然后用人力或机械牵引,将桥梁平稳而缓慢地推出,直达对岸摇滚后就位。采用此法架设桥梁时,应特别注意的是:在桥梁尚未达到对岸摇滚之前,悬臂推出的整个过程中,应保持整体桥梁的平衡,始终使桥梁的重心落在推出岸摇滚的后面。另拼装的几节桁架,通常都称为"鼻架"。

(以上是拼装桥梁三节鼻架时的解说词)

(男)队员已顺利完成鼻架的拼装,今天安装的钢桥是15m双排单层桥梁、荷载汽车—20级。

(女)现在正在作业的是××公路管理局应急抢险保障中心和高等级公路养护管理中心战备钢桥架设技术骨干,50名队员经过5天的严格训练,全面完成了训练科目,重点培训了队长、副队长的钢桥架设组织指挥能力,队员熟练掌握了"321"型战备钢桥架设技术和操作要领,为××公路应急保障任务的完成奠定了良好的基础。

(男)来自两个单位的队员们,是精心挑选的觉悟高、品德好、责任心强的优秀人员,他们精神饱满,士气高昂,是××公路行业特别能吃苦、特别能战斗、善打硬仗的富有朝气的突击队。

(女)今天架设"321"型装配式双排单层15m战备钢桥。架设队员进行了严密的组织分工,队员分为4个小组:桁架组、横梁组、桥面组、螺栓连接组。

(男)"321"型装配式公路钢桥具有结构简单轻巧、装配快速、作用经济、用途广泛、组合结构系统好、互换性强等特点,经过多年实践证明,在所有用人力架设的装配式公路钢桥中,是一种较为完善的应急保障钢桥,被认为是同类钢桥中适用性最广的钢质组合结构桥梁。

(女)装配式公路钢桥是一种制式桥,它可以根据跨距、荷载组合不同的桥型。"321"型战备钢桥有10种组合形式,即:单排单层、双排单层、三排单层、加强型单排单层、加强型双排单层、加强型三排单层、双排双层、三排双层、加强型双排双层、加强型三排双层。

(男)装配式公路钢桥为半穿下承式米字形桁架桥;桥面净宽3.7m,为单车道,适用于汽车—10级、汽车—15级、汽车—20级的汽车列车和履带—50级、挂车—80级等5种荷载车辆通行,车速分别不超过30km/h和5km/h。今天架设的双排单层钢桥,可以适用于汽车—20级车辆通过。

(女)"321"型装配式公路战备钢桥,是国家国防交通战备钢桥,统一由交通运输部管理,××公路局储存的"321"型装配式公路战备钢桥是受省交通运输厅委托代交通运输部储存的战备物资,分别储存在××、××、××、××、××5个战备库。

(男)交通战备器材管理是国防交通工作的重要组成部分,也是交通战备工作的重要内容。省公路管理局坚持依法管桥、依法用桥,并本着"统一领导、分组负责、加强维护、保持良好、控制作用、确保应急"的原则,切实管好、用好战备器材,目前省公路管理局钢桥管理逐步走上了正规化、规范化和科学化的轨道,钢桥利用率逐年上升,完好率达到100%。

(女)多年来,省交通运输厅、省公路局领导高度重视交通战备工作,加大资金投入,强化管理、强化培训、提高素质,高度重视交通专业保障队伍建设。战备库实行专人管理,库房管理制度健全,战备库房的器材进行分类编号,建立明细账目,分类堆放,对小型易丢失的构件分类装箱。

(男)现在队员们正在紧张地进行主梁拼装工作,今天艳阳高照、紫外线强烈,在这种高温暴晒天气下作业正是公路人年复一年、日复一日的日常工作。

(女)各位领导,同志们:现在桥梁拼装已经进行了一半,在短时间内完成如此大型战备桥梁的架设任务,正是公路人多年来艰苦奋斗、吃苦耐劳的“铺路石”精神的体现。

(男)战备钢桥架设队伍是公路抢修保障大队的重要组成部分,多年来,公路行业国防交通专业保障队伍即“321”型战备钢桥架设队伍,在国防交通保障方面和为我省经济建设、抢险救灾发挥了应有的作用,彰显了公路行业战备钢桥架设队伍建设的必要性和重要性。

(女)在公路建、养、管、营等方面,特别是在抢险救灾中,战备钢桥架设队伍发挥了及时、快捷、不可代替的作用,有力地保障了公路的安全通行和经济发展。

(男)战争中,交通保障是战争的生命线,经济建设时期,交通保障则是其发展的命脉。

(以上是拼装正桥时的解说词)

(以下是在钢桥架设完成推出钢桥时讲)

(女)各位领导,同志们:主桥现已拼装完毕,经检查合格,队员们已经集结重要指定位置准备推桥,推桥的方法有三种:①推出法;②牵引法;③推出和牵引相结合法。

(男)今天采用的是推出法。在推桥时用力必须均匀,速度缓慢而平稳,决不能操之过急。同时要尽可能采取有效措施,减少桥梁悬空部分的震荡,推进的方向应严格把握,指派专人负责,一旦发现偏差要立即纠正,特别是在桥梁接近平衡点容易偏转方向时,可采取拨动尾部的办法纠偏对正。

(女)人力推出具有准备工作简单、容易控制推出进度、速度快,且不需要配套牵引设备等优点,但其只适用于质量较轻的小跨径桥梁,由于两旁施力不易平衡,桥梁容易偏离方向。因此,指挥人员必须时刻注意纠偏。当用人力无法推动时,可用撬杠在桥后协助撬动,但不能用力过猛,以免将桥撬翻。

(男)推桥要有严密的组织,统一的指挥,指挥员必须要站在桥上,其位置要既能看到对岸滚轴,又能观察到桥梁在推进过程中的所有情况。推桥时,各组动作要协调一致,所有工作人员必须听从指挥员的命令。在推出岸每组滚轴旁边必须各站一人,随时检查滚轴是否有问题或桥梁是否被阻和偏移现象。如果发现问题应立即报告指挥员。

(男)拼装好的桥梁现已推到河床对岸预定位置,队员正准备进行桥梁架设的第四个步骤:桥梁的落座。桥梁落座前需先拆除鼻架,并及时把拆除的构件运到指定存放位置。

(女)各位领导,大家现在可以看到,在队员们敏捷的操作下,桥梁鼻架拆除任务已经完毕,现在即将安装桥头端柱。端柱安置在桥梁两端,其作用是将桥梁上的荷载传递到桥梁支座上,端柱的底部焊有半月形垫块,便于落在桥梁支座的轴梁上,并使端柱在支座轴梁上前后转动,以适应桥梁荷载作用下的竖向变形。

(男)现在队员们正在进行桥梁的落座:将千斤顶置于桥梁下弦两端,高度协调一致,同时起桥。起桥到位,撤出内侧、外侧摇滚,同时取出支座和样盘,放置好桥头支座。然后两边协同、缓慢放下千斤顶落桥,直至落桥到位。

(女)架设人员正在进行架桥的最后一个步骤:引桥的安装。现在安装的是桥头搭板,同时开始补装主桥第一节桥面板。桥头搭板与桥面系纵梁相似,不同的是桥头搭板是用12号

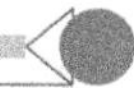

工字钢组焊成的，而且在搭板支点附近，工字钢的下翼缘弯起，以降低断面高度，保持桥面平顺。桥头搭板分为无扣和有扣两种，其作用在于连接桥跨结构与路堤。如果桥面与路面高差较大，坡度陡峭，则可用两节或多节桥头搭板，中间用横梁来支撑，横梁置于4个搭板支座上，使横梁处于稳定状态。

（男）钢桥架设完毕，队员们清理场地，将摇滚、平滚、剩余部件搬运到指定地点。同时对于桥梁两头延伸的道路，进行平整硬化，以便车辆顺利通行。

【整队】

现场指挥员：现场总指挥，钢桥架设完毕，请指示！

现场副总指挥：开始通车！

（女）战备桥梁已经架设成功，车辆运行正常。同时，省××公路管理局通过热线电话、网站、手机短信、广播等方式向社会各界发布实时路况信息：××公路交通恢复。

（男）下面请各单位、部门在观摩台前集结。

【整队】

现场副总指挥：报告总指挥，现场演练已完成全部科目，请指示！

总指挥×××：归队！

（女）下面请××公路管理局党委书记××对此次演练情况做点评。

（男）下面请××公路管理局局长讲话。

（女）各位领导，各位来宾，“××公路管理局国防交通专业保障队伍战备钢桥架设应急演练”已圆满完成各项既定内容，演练到此结束。再见！

（女）再见！

第五节　××省公路交通地震应急处置联合演练

一、演练方案

为检验××省公路系统应急预案的有效性、实战性和装备的适用性，验证公路生产调度（应急）中心和快速应急体系的各项功能，磨合应急指挥体系，锻炼应急队伍，有效应对和处置影响公路交通系统安全的突发事件，全面提升××公路交通系统等有关部门对突发地震灾害的应急响应、组织协调及联动作战能力，根据省公路管理局的总体部署，省××公路管理局组织开展本次全省公路突发事件应急处置演练。

结合××公路突发事件应急处置现状，以及现有公路应急突发事件应急处置能力，特制订本次公路突发事件应急处置演练实施方案。

1. 编制依据

《中华人民共和国突发事件应对法》《公路交通突发事件应急预案》《××突发公共事件总体应急预案》《××公路交通突发事件应急预案》《××公路管理局突发事件应急预案》。

2. 演练目的

(1)检验预案。通过开展应急演练,检验突发事件应急预案的完整性和有效性,确定预案对××省公路交通突发事件应急准备和应急响应的适用性。

(2)完善体系。通过演练行动,强化部门职责,完善应急指挥组织体系。

(3)磨合机制。加强相关部门及单位之间的协调、对接与行动,理顺工作关系,提高协作能力,完善应急机制。

(4)规范程序。全面检验各应急组织响应程序的规范性、合理性,对存在的不足进行调整。

(5)检验保障。通过演练行动,检验信息畅通、物资保障和后勤保障工作。

(6)锻炼队伍。增强演练单位和人员对应急预案、响应程序的熟悉程度,提高应急响应能力。

(7)完善准备。检查突发事件应急人员、物资、装备、技术等方面的准备情况,发现不足及时予以调整补充和完善。

(8)科普宣传。推动公众对公路突发事件应急知识的认识和了解,加强宣传和舆情引导,促进全社会提升对公路应急工作的认知度和信任度。

3. 演练原则

(1)实战性原则。实景启动××突发事件应急预案及相关地区、部门应急预案,力求做到实地、实兵、实装、实效。

(2)检验性原则。重点检验省级应急预案及相关地区、部门预案的可操作性和应急快速响应能力。

(3)特色性原则。突出××地区戈壁沙漠的地域性特点。

(4)综合性原则。体现应急指挥与行动的综合协调,应急组织体系联动响应,相关部门、单位的响应与行动。

(5)示范培训原则。通过开展区域性示范演练,促进应对突发事件应急响应工作交流,培训提升突发事件应急响应能力。

(6)安全性原则。确保不影响演练地区经济环境、社会生活,保证演练参与人员、公众和环境的安全。

4. 演练基本情况

1)组织机构

(1)组织领导。

为强化本次公路突发事件应急演练工作的组织领导,成立全省公路系统突发事件应急处置演练筹备工作领导小组。负责应急演练筹备工作的组织领导,部署、检查、指导和协调应急演练各项准备工作。

组　　长:省公路管理局领导

副 组 长:省××公路管理局局长

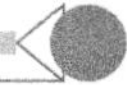

成　　员：省公路管理局各处室、省××公路管理局相关领导

联动单位：××交通运行(路网)监测与应急处置中心、××市委应急办公室、××市政府应急办公室、××市公安局、××市交通运输局、××市卫生健康委、××市民政局、××市公安消防救援支队、××市地震局、××市气象局、××市应急管理局、××市生态环境局、中共××市委、××市政府。××广播电视台、中国电信公司××分公司、××高速公路管理处、××路政执法管理处。

(2)参演单位及职责。

根据《××公路交通突发事件应急预案》要求，结合演练工作实际，参演单位职责明确如下。

××公路管理局：负责应急演练的指导以及应急演练方案的审定。

省××公路管理局：负责应急演练的组织、协调以及准备、导控、实施等工作；编制应急演练实施方案、导控方案等；向交通运输厅和省公路管理局报告，负责演练期间的人员、车辆组织协调；负责演练的人员调配及物资支持；负责与地方政府及相关部门的沟通、联络；组织公路系统突发事件应急演练的调查处理。

联动演练单位职责如下。

××交通运行(路网)监测与应急处置中心：负责引导指挥大厅与演练现场的视频同步传输，以及领导指令的传达等事宜。

××市委应急办公室、××市政府应急办公室：负责协调各联动单位，参与演练的导调工作。

××市公安局：负责应急演练现场治安秩序维护，协调现场警戒、隔离和交通管制工作、消防救援。

××市卫生健康委：负责协调演练现场卫生医疗模拟应急救助，指导演练现场人员的医疗救治、公众宣传、舆论引导活动。

××市应急管理局、××市生态环境局：负责危化品交通事故的技术指导和应对处置。

××市民政局：负责指导灾后救援的相关事宜。

××广播电视台：负责协调媒体做好应急演练区域的模拟新闻报道，正确引导舆论。

中共××市委、××市政府、××市委应急办公室、××市政府应急办公室、××市交通运输局：负责演练区域的相关协调工作。

××高速公路管理处：负责组织高速公路模拟地震区域管理路段的交通管制，配合应急救援车辆进入灾区。

××路政执法管理处：协助模拟地震区域路产损失调查，协助物资通道开辟过程中的交通疏导，配合应急救援车辆进入灾区。

(3)指导单位。

××交通运输厅、××地震局，中共××市委、××市人民政府对演练工作全过程进行指导、评估。

(4)技术支持单位。

中国电信公司××分公司:负责保障应急演练的有线通信,提供视频会议、移动指挥、图像信息网络服务,以及实时通信服务保障。

××市气象局:提供应急演练区域不间断的气象信息。

××市地震局:提供应急演练的地震信息和技术咨询,摸拟发布不间断的地震信息和地震测定图文。

(5)技术支持专家。

交通系统内专家和外聘专家共5人,负责对应急演练的情景设计、演练程序、演练准备、方案修订等内容进行指导。

2)演练内容

(1)演练名称。

××公路交通地震应急处置联合演练。

(2)演练级别。

根据交通运输部公路交通突发事件应急预案、××突发事件应急预案,结合演练目的和要求,确定本次演练级别为重大事件,响应级别为Ⅱ级。

(3)演练时间。

××年×月×日。

(4)演练地点。

演练现场:××市×专线公路×km处。该地点将作为事故发生、现场调查、应急处置场所,同时将作为现场工作组,应急处置组,应急救援组,通信保障组,气象、地震保障组,后勤保障组的行动场所。

演练地址:

①国道312线K3011+620处××段。此处有以下优点:此处有以前的××高速公路××收费管理所办公楼,前方有空地,还有高速公路G30线的闲置匝道,用电用水、后勤保障都非常方便;便于搭建观摩台,人员集结非常便捷。此处有以下劣势:四周空地相对狭小,不便于各项演练同时展开;靠近村镇,影响与干扰较大。

②指挥部:省公路管理局应急指挥大厅。

省公路管理局应急指挥大厅将作为此次演练事件的省公路应急指挥部所在地,是省公路应急指挥部及专家咨询组、舆情信息组的活动场所。

③现场指挥部:××演练地点临时设置,可用应急指挥车或搭建临时指挥所。

现场指挥部负责现场指挥调度,协调处理现场应急处置过程中发生的问题。

④评估总结场所:××公路管理局五楼会议室。

××公路管理局五楼会议室作为此次应急演练的评估总结地点,应急现场指挥部、参演单位负责人、评估人员、应急响应人员参加总结会议。

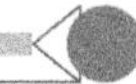

⑤新闻发布场所：××广播电视台演播室。

××公路管理局办公室负责组织相关处室进行公路通行信息发布工作。

3)应急响应演练组织体系及职责

(1)应急领导小组。

根据演练目的，结合应急响应实际情况，本次应急演练启动《××公路交通突发事件应急预案》。由××公路管理局应急领导小组负责统一指挥、决策、指导和协调等应急响应工作。

指 挥 长：×××

副指挥长：×××

成　　员：省公路管理局相关领导

职　　责：领导全省公路交通地震灾害应急管理工作；负责指挥地震灾害应急响应、处置、报告和终止等工作；研究确定应急处置的重大决策和指导意见；领导、组织、协调整个应急响应行动，全面负责地震灾害应急、调查处理、处置工作；必要时向政府有关部门请求支援；负责地震灾害相关信息发布以及舆论的引导和监控工作。

(2)现场工作组。

组长：待定

组员：(省公路管理局、××公路管理局相关人员)

职责：负责贯彻落实演练应急指挥部的指令，综合协调与有关部门的联络和信息交换工作；及时起草向省交通运输厅提交的事故报告。

(3)专家咨询组。

从全省各公路管理局抽调专家组成专家咨询组。

组长：×××

组员：省公路管理局相关领导及抽调专家

职责：负责为地震灾害应急指挥部决策提供科学依据；为全省地震灾害应急准备、应急响应、现场处置、抢险救援、现场防护及善后处理等提供技术支持；必要时向省公路应急指挥部提出其他有关部门参与或动用部队的建议；适时提出应急响应终止的建议；为各应急小组的应急工作提供技术咨询。

(4)应急处置组。

组长：×××

组员：××公路管理局、××市公安局、××路政执法管理处相关领导

职责：承担地震灾害现场道路保通、警戒与封闭、安全保卫、交通管制、治安秩序维持、人员疏散转移工作。

(5)应急救援组。

组长：×××

组员：××市公安消防救援支队、××市卫生健康委、××公路管理局相关领导及人员

职责：对受地震灾害影响人员、车辆实施应急救援，对受影响的公路、桥梁、涵洞实行应急处置；根据需要和指令，协调、调动灾区周边市、县各界力量给予援助；向舆情信息组反馈地震灾害对灾区造成的影响。

(6)舆情信息组。

组长：×××

组员：××公路管理局、××市委应急办、××市政府应急办、××市应急办、××广播电视台、××公路管理局相关领导及人员

职责：负责媒体记者、网络舆论的组织、管理、协调和引导工作；组织开展灾害进展、应急工作情况等权威信息发布，召开新闻发布会；收集有关地震灾害相关的资料信息，及时向省公路应急指挥部报告；开展地震灾害应急期间的公众宣传和专家解读，应对媒体采访和公众咨询，做好新闻宣传报道。

(7)通信保障组。

组长：×××

组员：中国电信公司××分公司、××公路管理局相关领导及人员

职责：保障演练通信、网络信号传输。

(8)气象、地震保障组。

组长：×××

组员：××市气象局、××市地震局相关领导及人员

职责：承担演练现场周围环境气象监测和地震情况研判，负责提供现场气象模拟预报服务以及地震监测情况的实时报告。

(9)后勤保障组。

组长：×××

组员：××公路管理局、××公路管理局相关科室领导及工作人员

职责：负责正式演练的后勤保障和接待工作。

××公路交通应急联合演练组织机构如图5-3所示。

4)情景设计

(1)演练背景资料。

我国地处欧亚大陆东南部，位于环太平洋地震带和欧亚地震带之间，有些地区本身就是这两个地震带的组成部分。受太平洋板块、印度洋板块和菲律宾板块的挤压作用，我国地质构造复杂，地震断裂带十分发育，地震活动的范围广、强度大、频率高。××更是一个地震灾害多发区域，我国大陆著名的南北地震带，横穿××中东部，河西走廊地震带走向呈北西西向展布，与阿尔金地震带相连，覆盖了××各市州。根据有关资料记载，河西走廊地震带从公元180年高台西表氏7.5级地震起至今1700多年来，共发生中强以上破坏性地震46次，其中8级特大地震一次，7级以上4次，6级以上6次。强震多沿断块边界具有西迁北移的特点。××市境内1932年12月25日10时4分27秒，××堡(北纬39.7度，东经97.0度)

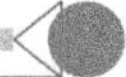

发生震级为7.6级的大地震。此次地震,震中烈度10度,死亡7万人。最新资料表明,进入20世纪90年代以来,本带地震活动具有明显增强的趋势。

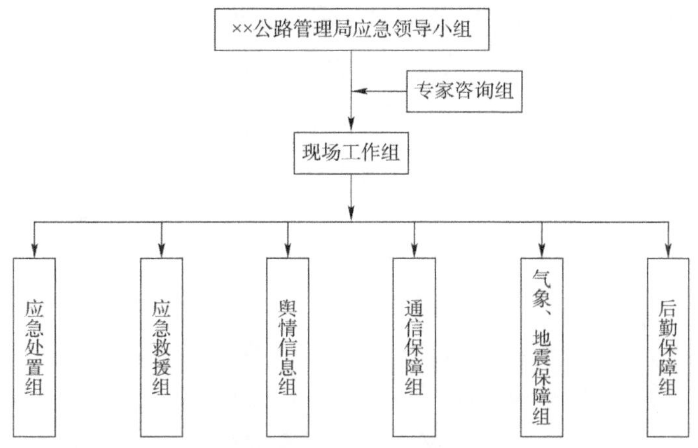

图5-3 ××公路交通应急联合演练组织机构图

本次全省公路交通突发事件应急处置联合演练以此为背景,假设××年×月×日早8时40分××市南部山区突发7.0级地震,震中有大量民房倒塌,有大量人员伤亡,急需各类救灾物资和救援力量迅速进入灾区。震中共有居民及从业人员近万人。进入灾区各条道路损毁严重,其中××公路管理局辖养某专线公路是进入震中唯一的一条道路,地震造成通往灾区×km处一孔20m钢筋混凝土空心板桥空心板错位。由于上游××水库出现险情,水库大量洪水下泄,导致1-4.5m钢筋混凝土板涵冲毁,致使车辆不能通行,需要抢通恢复。在地震中,该路段出现交通事故,一辆载有5人的轻型客车与一辆天然气运输车发生碰撞,阻断交通,形势危急。××省政府、××市政府、省交通运输厅要求公路系统采取措施,以最快速度打通生命通道。道路畅通后,行至×km处的××公路管理段××东养护工区,有6人被压在废墟下,需要各方面人员参与施救。

(2)应急准备。

应急准备主要围绕地震应急疏散、情况接报、应急响应、灾情侦察与判断,进行桌面推演、前期拍摄。

①人员疏散(××公路管理段)。

××年×月×日上午8时40分8秒××市南部山区突发地震,××市区震感强烈。××公路管理段××东养护工区应急值班人员警示地震发生,养护工区所有人员准备疏散。

1min后,强震已经过去,余震可能马上来临。在房屋没有破坏和没有大的反应时,全体人员撤离工区大楼,到临时避险区域(养护工区楼前)空旷位置集结,工区长清点人数。××公路管理段××东养护工区内库房因地震倒塌,库房内正在工作的6名职工没来得及逃生,被困其中,生命垂危,亟待救援,所有通信中断,工区长×××接到消息后立即报告××公路管理段,并组织人员自救。

②应急信息上报及启动响应。

应急疏散完成后,××东养护工区工区长×××迅速向××公路管理段段长报告:“报告段长，刚才发生地震，震感强烈，震级、震源不明，我工区三库房倒塌，6 名职工被困，特此报告！”

××公路管理段领导通过备用卫星电话，迅速将发生地震情况上报××公路管理局生产调度（应急）中心，调度中心接报后，电话联系××市地震局应急值班人员，确认震级为7.0 级，震中为××南部山区，可能造成较大人员伤亡和道路等基础设施损坏。调度中心迅速将地震震级、震源、可能造成损失情况及××公路管理段库房倒塌 6 名职工被困情况报告值班领导，并上报省公路管理局及××市政府办公室。同时将相关情况通报××市公安局、××市公安局消防救援支队、××高速公路管理处、××路政执法管理处等相关部门。

省公路管理局接到××公路管理局报告后，上报省交通运输厅。省交通运输厅启动Ⅱ级响应，并要求省公路管理局迅速查明灾情，全力确保救灾生命线畅通。省公路管理局成立了以局长×××为组长，局其他领导为副组长，各处室负责人为成员的××公路抢险指挥部。在省交通运输厅领导下负责组织、协调、指挥公路部门应对此次地震应急保畅工作。同时成立现场应急工作组，由局分管领导任组长，××公路管理局局长×××任副组长，省局相关处室负责人及××公路管理局副局长、总工程师为成员，指挥、调度现场救援队伍开展救援工作。××公路管理局负责配合协作，承担相应的具体工作任务。

××公路管理段接到养护工区报告后迅速采取应急措施：一是组织人员对被困在工区倒塌库房内的 6 名职工进行救援并对管理段各类设施受损情况进行排查，二是集中应急抢险人员、车辆，联合路政执法部门对辖养道路展开排查。

××公路管理局接到报告后，迅速召开应急处置部门联席会议：一是成立××公路部门地震灾害联席指挥部，协同省属驻××公路部门开展应急处置工作。二是为防止次生灾害发生，对震中周边各条道路非救灾车辆实行临时交通管制，××至××高速公路各收费站车辆禁止驶入，已驶入该路段车辆驶入就近服务区。震中周边各国省道专线公路禁止通行。以上路段等确认道路状况安全后放行（交警、路政、收费联动）。三是迅速展开道路受损情况排查，指派××高等级公路养护管理中心负责高速公路排查，各巡查车辆、人员上路巡查，指派××、××、××、××等高速公路养护点起飞无人机查看道路情况，检查道路、桥梁、涵洞有无明显受损，有无车辆受损等情况，对通往震中道路启用直升机重点排查。四是应急物资及人员迅速集结前往××。五是××公路管理局主要领导带领相关人员前往×××。

直升机巡查发现：报告指挥部，×专线 25km 处 4.5m 钢筋混凝土板涵损坏，28km 处一孔 20m 钢筋混凝土空心板桥空心板错位，桥涵均有水流通过，车辆不能通行，交通中断，26km 处有两车相撞发生的交通事故，轻型客车车头冒烟，有人呼救，其余路段未发现异常。无人机近距离巡查确认（并现场回传相关画面，待确定后报省公路管理局指挥部）。以上信息同时报告至××市应急抢险指挥部门。

向××市应急抢险指挥部拨打电话：××市南部山区突发地震，××市区震感强烈，灾

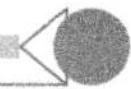

情严重，灾区急需各类救灾物资，急需救援力量进入灾区救援，目前通往震中各条道路受损严重，要求公路部门迅速打通×专线公路，确保救灾物资和人员迅速进入灾区。同时26km处两车相撞发生交通事故，造成车内天然气泄漏，轻型客车因碰撞车头已冒烟，人员受重伤，有生命危险，情况紧急，急需救援。因交通中断，医疗部门救护车辆、人员不能到达现场处置，请给予协助。

××市应急抢险指挥部回复：已通知××市消防、武警、卫生健康等单位迅速前往灾区进行救援！

现场工作组使用应急指挥车及时把现场情况通过车载卫星系统高质量地传回省公路管理局指挥中心，并对现场通信进行组织、管理和控制，让使用各种终端的工作人员统一协同工作，使指挥中心的指挥决策人员如临其境，及时获得现场信息，提高决策的准确性和及时性。

现场工作组经会商并请专家咨询组对抢险救援方案进行评估指导后决定：一是由现场执行巡查任务的直升机协同消防、医疗部门展开受困伤员转移救治；二是25km涵洞损坏处由××公路管理局开辟临时便道，架设钢波纹管涵，疏通车辆；三是28km桥梁处由××公路管理局与其他救援单位架设应急钢桥；四是26km处两车相撞天然气泄漏事故，应急、生态环境、消防救援支队立即展开行动，防止事态恶化，医疗部门对受伤人员转移救治。要求各部门迅速行动，密切协作，确保应急处置安全并做好善后清理工作。

(3)演练科目设置。

此次演练以地震应急演练案例为参照，以地震造成桥涵受损、道路中断、房屋倒塌等重大灾害为背景，采取时空位移、交叉演示的方法，重点围绕建筑物倒塌救援、交通事故救援、开辟救援通道等科目展开演练。

①科目一：危险化学品运输车辆交通事故救援。

××公路××处两车相撞发生交通事故，造成车内天然气泄漏，轻型客车后座内2人受重伤，有生命危险，其他人员受轻伤，后座车门严重受损无法打开，车头由于碰撞已开始冒烟，驾驶员带伤撤离危险地带呼救。现场指挥部收到直升机巡查报告后向现场工作组组长汇报，现场工作组组长接通安监、消防、医疗、环保单位，告知事故发生的时间、地点、肇事车辆及伤亡情况，要求联动单位赶赴现场，立即组织应急救援组抢救伤者。通过应急管理局和生态环境局进行评估，并请专家提出处置方案，由消防救援支队对轻型客车进行火灾处置，对天然气罐车进行降温处置，由生态环境部门人员采用多组分气体测定仪检测空气中的天然气浓度，对现场状况进行评估，防止天然气泄漏造成爆炸。由消防支队用破解钳对车辆被困人员进行施救，由医疗部门人员对抢救出的伤员进行急救工作，将伤者抬至救护车处，送往医院抢救。由公安部门对事故进行测定，并负责交通指挥等事宜。由应急、生态环境、公路应急抢险部门配合对事故现场进行清理，确保道路安全畅通。

②科目二：架设临时钢桥。

×专线28km处一孔20m钢筋混凝土空心板桥空心板由于地震发生错位，桥下有水流通过，车辆不能通行，救灾物资不能及时送往灾区。××公路管理局应急抢险保障中心接到管理局指令后,立即与救援单位进行临时桥梁架设,桥头采用应急编织袋装土作为桥台,修筑引道,再组织力量架设车载机械钢桥。

③科目三:铺设管涵。

×专线25km处4.5m钢筋混凝土板涵损坏,应急车辆不能及时通行。由××公路管理局公路养护职工组成的应急抢险队伍按照现场工作组要求赶赴现场,调用工程机械,根据现场情况,埋设钢波纹管,进行回填,保证回填密实且土层厚度不小于40cm,开辟临时便道,确保救灾车辆顺利通行。

④科目四:人员搜救。

武警、消防、医疗部门接到报警后立即组成救援队赶赴现场,武警、消防人员相互配合进行救援。为了在最短的时间内救出被困职工,救援队用生命探测仪、搜救犬等来确定被困人员的准确位置,使用挖掘机、千斤顶、液压钳、组合撬棍、组合式救援柱等进行营救,医护人员立即进行急救工作,并把伤者抬上直升机迅速送往××市医院抢救。

(4)新闻发布。

由新闻发布人员及时发布灾区地震灾害的救援、天气及通往灾区的道路通行情况。

(5)总结。

地点:应急演练现场。

①演练总指挥总结演练成绩和存在问题。

②受邀领导点评。

③演练总指挥宣布演练结束。

5)演练导控

演练过程情景的输入、模拟监测参数的提供、演练节奏控制和引导由导控人员来负责。

导控人员由××公路管理局、××广播电视台共5名人员组成,设总导控1名,指挥部导控员2名、演练现场导控员2名。

总导控的任务是启动初始条件,模拟外部应急机构和新闻媒体,同时导控和引导演练过程按照预定的情景发展。导控员随时监控和记录各个应急组和应急人员的应急响应行动,必要时可以提供帮助。宣传监测组导控员的任务是监测现场提供模拟的数据,在现场监测人员根据指令完成相应的监测任务并记录后,提供模拟的监测参数用于评价。

导控组按照演练方案、情景设计拟制演练不同时段、环节的导控单元,熟悉演练脚本,准确把握导控时间节点,引导演练按照既定方案展开。

6)演练评估

根据全省公路系统突发事件应急处置演练实施方案,对演练实施及其安全事项等进行全过程、全方位评估。演练评估分为自评估和综合评估。

自评估组由省交通系统突发事件应急抢险专家组成员和交通系统突发事件应急处置相关单位管理岗位人员组成。自评估主要从应急预案及相关实施程序执行情况、应急响应流程规范性(包括应急响应体系启动、应急行动开展和应急行动终止等)、应急指挥部研判决策

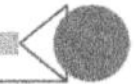

能力、各应急小组成员应急响应预判和处置能力、各应急小组应急行动及相互间协调配合情况、应急装备完备性及使用情况（特别是应急监测调度平台、快速监测系统等应急仪器设备的正确使用）、各类应急信息流转情况、舆情应对与引导情况8个方面进行评估。

综合评估组由省公路管理局、××市委、××市交通运输局领导和专家组成，具体评估内容由省公路管理局、××市委、××市交通运输局确定。

自评估组和综合评估组分别完成演练评估工作，形成各自评估报告。

演练结束后召开演练评估会议，由各评估专家组对省公路系统突发事件应急处置演练进行评估总结。

7）观摩安排

参加此次应急演练观摩的有省公路管理局、××市委、××市交通运输局、××市政府应急办公室、××市政府应急办公室、××高速公路管理处、××路政执法管理处等约100人。

5. 应急演练准备

1）参演人员的培训

本次应急演练参演人员预计300人。在演练前需要对参演人员进行培训，内容包括：

（1）省公路系统突发事件应急预案；

（2）省公路系统突发事件应急预案实施程序；

（3）演练实施方案、导控方案及演练脚本。

2）应急设施设备的准备

确保下列应急设施设备在演练前可用。

（1）省公路管理局应急指挥大厅：包括省公路管理局的会议、视频、通信系统，省公路管理局应急监测调度平台系统，数据传输信息系统。

省××公路管理局负责快速响应车辆、工程机械设备、无人机、防护用品、应急演练区域划分标识及内部通信工具、警戒标识的准备。消防救援支队准备响应车辆及应急救援的相关设备。××市卫生健康委准备救护车及救护相关器械。电信公司准备通信车辆及相关设备。

（2）快速应急指挥系统：移动指挥车、应急通信车、卫星电话等通信设备。

（3）工程机械：车载机械化钢桥1座、挖掘机2台、装载机2台、20t起重机1台、自卸车5辆、平板拖车4辆、电源配电车1辆、清障车1辆、发电机组、移动照明灯。

（4）应急物资运输车辆8辆。

（5）现场视频采集、通信设备：对讲机、车载移动视频、录像器材、照相器材。

（6）无人机：空中摄像、视频传输。

（7）其他器材：手套、口罩、雨具、帐篷、桌椅、苫布、公告牌、标识等。

3）应急文件的准备

（1）各类与公路系统突发事件评价相关的法律法规标准和技术文件。

(2) × ×及× ×市相关应急预案。

(3)公路系统突发事件应急相关文书、报表。

(4) × ×市演练区域地图(电子版和纸质版)、演练地点周围情况资料(包括人口分布、气候、地形等)等。

4)演练安排

演练分部门单项预演、多部门联合预演和正式演练三个步骤,具体安排如下:

(1)部门单项预演。各部门根据演练工作计划安排单项预演时间,在×月×日前完成单项预演。

(2)多部门联合预演。×月下旬组织2次全程序、全要素预演,可采用分地点、分时段,针对公路系统突发事件应急演练指挥部、公路系统突发事件发生地两个地点,分别组织多部门联合预演,完成演练工作。

(3)正式演练。时间定在× ×年×月×日。

为更好地完成演练的监控引导和评价,在演练开始前3日,由省公路管理局主持,在× ×公路管理局召开演练动员会议,检查最后的准备情况。演练结束后的当天下午,应急领导小组主持召开演练总结会议。

6. 演练工作计划

根据演练工作需要,由省公路管理局适时组织演练相关单位召开筹备工作协调会,对演练的相关事项及各参演单位的演练任务予以确定。详细工作计划见表5-12。

工作计划 表5-12

序号	工作内容	完成时间	负责部门	负责人	说明
1	公路系统突发事件应急演练初步方案	4月18日前完成初稿,4月20日前完成征求意见	× ×公路管理局应急抢险保障中心		负责征求各部门意见,并组织评审。报省公路管理局批准
2	公路系统突发事件应急演练经费预算方案编制	4月30日前	× ×公路管理局养路计划科		养路计划科审核后报省公路管理局审批
3	方案论证会	5月10日前	× ×公路管理局		× ×公路管理局各处室
4	方案修改定稿	5月20日前	省公路管理局安监处		结合论证会,再次征求各参演单位意见
5	公路系统突发事件应急演练脚本编制	5月25日完成初稿,5月31日完成有关部门征求意见	省公路管理局安监处及× ×公路管理局		× ×公路管理局组织人员负责脚本编制和修改,省公路管理局安监处负责征求有关部门意见,并组织评审

续上表

序号	工作内容	完成时间	负责部门	负责人	说明
6	演练脚本论证会	6月10日前	××公路局安监处		省公路管理局安监处组织
7	演练现场拍摄方案	6月10日前	负责拍摄单位		由负责拍摄单位执笔起草，做好两个演练地点合演、预演、正式演练的拍摄方案
8	省演练工作布置会议	6月12日前	××公路管理局安监处		明确参演单位工作任务
9	应急平台调试	6月15日前	××公路管理局		××公路管理局配合
10	演练脚本桌面推演	6月15日前	××公路管理局安管科		计划组织两次
11	应急设备准备	6月15日前	××公路管理局应急抢险保障中心		处置设备购买、安装、调试，防护用品、通信系统、演练专用道具准备
12	应急文件准备	6月15日前	省××公路管理局		
13	公安、卫生健康及相关配合部门单项预演、外围演练内容视频录制	6月15日前	相关参演单位		
14	应急监测处置组单项预演	6月18日前	省××公路管理局		
15	全要素合演	6月20日前	省××公路管理局		
16	预演	6月20日前	省××公路管理局		
17	正式演练	6月22日前	××公路管理局		
18	录播内容剪辑	7月20日前	××公路管理局		
19	录播视频审查	7月20日前	××公路管理局		

二、演练脚本

演练脚本见表5-13。

演练脚本

表5-13

序号	时间/进程	指令/对白/动作	主持/解说	屏幕画面
Sc01	【8:30】参演人员、装备在指定位置集结待命	全体参演人员、装备,在指定位置集结待命	—	滚动播放入场音乐: ①中国人民解放军进行曲; ②运动员进行曲(重复播放)
Sc02	【8:35】领导代表进入现场	播放"迎宾曲"	—	字幕:××省××公路交通地震应急处置联合演练
Sc03	【8:40】	组织各参演方队在观摩台前列队	—	①屏幕显示及卫星信号:演练现场上空鸟瞰画面; ②屏幕显示及卫星信号:演练现场人员列队车辆排列实景
Sc04	【8:50】	主持人邀约	现在请观摩人员在观摩台就座	播放背景5min ①播音员、主持人画面; ②屏幕显示及卫星信号:演练现场上空鸟瞰画面、演练现场人员列队车辆排列实景
Sc05	【8:55】	引导人员邀请主要领导就座观摩台	—	主持人及观摩台画面

续上表

序号	时间/进程	指令/对白/动作	主持/解说	屏幕画面
Sc06	【9:00】	—	（男）：尊敬的各位领导、各参演单位，为了加强和规范公路突发事件的应急管理工作，建立并完善应急管理体制和机制，建立健全统一指挥、反应灵敏、运转高效的应急体系，有效预防、及时控制和消除公路突发事件的危害，按照统一领导、分级负责、反应及时、措施果断、保障有力和急时应急、战时应战、平战结合、保障畅通的原则，达到公路安全畅通的目的。提高联动、联勤、联席处置各类公路突发事件的能力，检验全省公路管理系统应急抢险队伍实战能力。进一步明确各有关单位在应急救援工作中的职责和任务，提高各单位在应急救援中的相互配合能力，提高参与救援人员的相关技能	无人机鸟瞰、地面队列
Sc07	【9:03】	—	（女）今天，由××省公路管理局主办、省××公路管理局承办的2017年××省公路交通地震应急处置联合演练活动即将开始	LED1、2号屏幕显示无人机鸟瞰、地面队列
Sc08	【9:04】	—	（女）请××省公路管理局副局长×××同志主持	
Sc09	【9:04】演练开始，介绍来宾	【主持人××副局长】：介绍来宾	【×××副局长】……	①主席台全景； ②主要领导特写； ③与会领导和主席台全景
Sc10	【9:06】介绍参演联动单位	【主持人××副局长】：介绍参演单位	【×××副局长】参加演练活动的单位有：××省公路管理局、××市委应急办公室、××市政府应急办公室、××市地震局、××市气象局、××市公安局交警支队、××市消防救援支队、××市卫生健康委、××市应急管理局、××市生态环境局、××市民政局、中国电信××分公司、××高速公路管理处、××路政执法管理处、省××公路管理局	每个纵队中景或举牌特写，以及应急指挥车、参演车辆等
Sc11	【9:07】××市领导致词	【主持人××副局长】：请××市领导致词	【××市领导】致词	××市领导特写

续上表

序号	时间/进程	指令/对白/动作	主持/解说	屏幕画面
Sc12	【9:12】介绍演练情况	【主持人××副局长】:今天担任演练总指挥的是××省公路管理局党委书记××同志,副总指挥是××公路管理局局长×××同志。下面我们请演练总指挥宣布演练活动开始	参演单位就位(方队依次撤离到集结待命位置,列队观摩人员有序进入指定观摩区)	同期声
Sc13	【9:13】	【演练副总指挥×××】:报告总指挥,应急演练人员集结完毕,请指示	—	同期声
Sc14	【9:13】宣布演练	【×××书记】:我宣布,××省2017年公路交通地震应急处置联合演练现在开始	—	×××领导特写
Sc15	【9:13】	—	—	播放背景短片
Sc16	【9:15】	应急指挥车驶入指定位置,现场总指挥走下指挥车,到达指挥部	(女)应急指挥车先期到达,迅速建立现场指挥部	指挥车同期声
Sc17	【9:15】	【现场总指挥××】乘坐指挥车进入会场并下达指令:直升机起飞。 【直升机巡查人员】:收到	—	①指挥车同期声; ②直升机拍摄全景实况,无人机拍摄局部重点位置

续上表

序号	时间/进程	指令/对白/动作	主持/解说	屏幕画面
Sc18	【9:25】	直升机升空,在空中盘旋巡查	(男)地震发生后,省××公路管理局调集直升机协助救援,直升机到达灾区上空开始巡查 本次使用的直升机曾多次参加航空救援和地震灾害救援	直升机起飞空中盘旋,特写镜头,直升机传来鸟瞰画面
Sc19	【9:27】	【现场总指挥】:请直升机报告巡查情况。 【直升机巡查人员】:报告指挥部,经直升机巡查发现,疑似两车相撞发生交通事故,小汽车车头冒烟,车辆不能通行	—	直升机起飞空中盘旋,特写镜头,直升机上报告特写镜头
Sc20	【9:28】	【现场总指挥】:指挥部收到	—	空中鸟瞰受灾画面,直升机报告人画面
Sc21	【9:30】	【现场总指挥】:××市应急抢险领导小组,我是××省××公路管理局应急抢险中队,我处发现通往灾区的公路上疑似两车相撞发生交通事故,小汽车车头冒烟,需要多方配合,请支援	—	—
Sc22	【9:31】	接短片	—	—
Sc23	【9:33】各部门联动	【公安交管部门】:报告总指挥,交警和路政部门已到达现场,请指示。	—	交警封路场景

续上表

序号	时间/进程	指令/对白/动作	主持/解说	屏幕画面
Sc23	【9:33】各部门联动	【现场总指挥】:迅速对震中周边各条道路非救灾车辆实行临时交通管制	—	交警封路场景
Sc24	【9:40】各部门联动	【气象、地震保障组组长】:报告总指挥,气象、地震保障组到达现场,请指示! 【现场总指挥】:气象局、地震局专家,请到指挥部,做好实时监测	—	—
Sc25	【9:41】各部门联动	【消防员】:报告消防指挥长,第一联合处置组到达现场	—	—
Sc26	【9:41】	【现场总指挥】:请消防指挥长提出处置意见,立即展开救援,注意自身安全	—	消防指挥长下达指令场景,临近危化品车祸现场,消防、环保、安监、医院、清障大队车辆驶入救援
Sc27	【9:42】危化品事故救援	【消防指挥长】:请现场消防人员汇报现场情况	—	危化品车祸现场喷水、施救
Sc28	【9:43】	【消防员】:报告消防指挥长,第一联合处置组到达事	(女)应急救援组到达危化品车祸现场,由于烟雾越来越大,天然气罐车温度过高,阀门处天然气泄漏,受伤人员卡在车里,情况十分危急	—

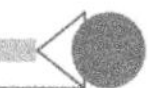

续上表

序号	时间/进程	指令/对白/动作	主持/解说	屏幕画面
Sc28	【9:43】	故现场,天然气罐车温度过高,需立即降温,天然气阀门处泄漏,需立即进行处置,情况十分危机,请求专家组提出意见,并下达指令	(女)应急救援组到达危化品车祸现场,由于烟雾越来越大,天然气罐车温度过高,阀门处天然气泄漏,受伤人员卡在车里,情况十分危急	—
Sc29	【9:44】	【专家组】:研究问题	(女)交通应急指挥车内专家正在研究处置方案	专家在公路应急指挥车内画面
Sc30	【9:45】	【专家组消防指挥长】:立即使用高喷水枪消防车,降温处置,用水枪稀释空气中天然气浓度并采取堵漏措施。环保、安监部门做好监测	—	指挥长特写
Sc31	【9:46】	【消防员】:是	—	—
Sc32	【9:47】	消防、应急部门按规范进行救援	(男)由××消防救援支队牵头的小组,立即调集消防人员、环保人员、应急人员通过现场了解情况	救援画面
Sc33	【9:48】	消防员喷洒水雾	(女)消防员手中的喷枪不停地向罐体喷洒水雾。天然气罐体阀门处能听见泄漏声,消防员一遍又一遍地尝试,阀门堵漏难度较大	
Sc34	【9:49】	环保人员采用多组分气体测定仪检测空气	(男)环保人员采用多组分气体测定仪检测空气中的天然气浓度,发现空气中天然气的浓度较高,若不立即处理将造成二次事故	

续上表

序号	时间/进程	指令/对白/动作	主持/解说	屏幕画面
Sc35	【9:50】	消防员堵漏	(男)消防员用水枪持续向空中喷洒水雾稀释空气中天然气的浓度	救援画面
Sc36	【9:51】		(女)经过几番操作,天然气罐车阀门终于堵漏成功了	
Sc37	【9:52】	—	(女)交通事故造成驾乘人员被卡在车内,救援难度大	
Sc38	【9:52】	环保人员采用多组分气体测定仪检测空气	(男)经过喷洒水雾,空气中天然气的浓度越来越小,浓度降至5%安全浓度以下了	浓度测定仪器特写
Sc39	【9:53】	【消防组长】:报告总指挥,空气中天然气的浓度降至5%安全浓度以下了,是否破拆救人。 【专家组消防指挥长】:迅速破拆小汽车,救援被困人员	—	危化品车祸现场消防员向公路应急指挥车内消防指挥长报告
Sc40		【消防员】:是	—	消防员特写
Sc41	【9:54】	破拆救人	(女)消防员利用液压扩张器、剪切钳等工具,破拆汽车车门。不一会儿,左门被卸下。消防员又对右门发起"进攻"	现场实景画面
Sc42			(女)2名被困人员救出了,消防战士将1名重伤人员抬上担架,快速送往现场医疗救助点	现场实景画面
Sc43	【9:55】	医护人员救人	(女)医护人员立即对伤员进行急救治疗,由于其伤势严重,需立即安排转送医院抢救	医疗救助点画面
Sc44		交警勘查	(男)交警立即对事故进行勘查	现场实景画面
Sc45	【9:56】	清障	(女)应急、环保、公路应急抢险部门配合对事故现场进行清理,清障大队将事故车辆拖离事故现场,保障道路安全畅通	现场实景画面
Sc46		救护车出发	(男)救护车载着众人的希望,向医院方向疾驰而去	现场实景画面

续上表

序号	时间/进程	指令/对白/动作	主持/解说	屏幕画面
Sc47	【9:56】	交警转场	—	—
Sc48	【9:57】	【现场总指挥】:请无人机检查公路损毁情况	—	—
Sc49	【9:58】	【无人机操作员】:报告总指挥,无人机发现28km处一中桥梁体断裂,边梁落梁。 【现场总指挥】:请勘查队立即勘查现场,应急人员做好抢通准备	—	航拍桥梁现场
Sc50	【9:58】	【××公路管理局勘查小组】:报告总指挥,经现场勘查,桥梁无法满足通行要求,需架设钢桥或开通便道,请指示。 【现场总指挥】:请专家组提出处置意见	—	现场实景画面
Sc51	【9:59】	【专家组】:开通便道困难,建议架设钢桥。 【现场总指挥】:请应急抢险中队立即架设钢桥	—	专家组画面

续上表

序号	时间/进程	指令/对白/动作	主持/解说	屏幕画面
Sc52	【10:03】	架设	(女)现在,架设的这座桥是由湖北华舟重工应急装备股份有限公司生产的一种机械化钢桥。桥车上包括上部结构、桥脚、架桥机械装置和辅助器材等。该桥跨径21m,最大承载能力60t	现场实景画面
Sc53	【10:04】	—	(男)车载机械化钢桥按照架设的方式分翻转式、剪刀式和平推式。翻转式机械化钢桥的上部结构通常为车辙式,上部结构通常反向放置在驾驶室及车架上,架设时通过液压油缸或绞盘钢索,使上部结构绕后轴旋转,直立竖起,通过钢索滑轮翻转,放到架桥点上。剪刀式机械化钢桥的上部结构在运输时呈折叠状态,架设时通过液压油缸升起桥节,用钢索或液压油缸使折叠的桥节展开。平推式机械化钢桥的桥车,一般装有两个水平叠放的半桥节,架设前通常先将两个半桥节连接成整体,装上跴板,然后将整个桥节推向河渠、沟壕架成桥梁,这种机械化钢桥在使用时隐蔽性较好	现场实景画面
Sc54	【10:05】		(女)(视现场情节解说)近年来,××公路管理局应急抢险保障中心紧紧围绕应急抢险工作,建立起了专业化的应急队伍	现场实景画面
Sc55	【10:06】			
Sc56	【10:06】	【××公路管理局应急抢险中队救援组长】:报告总指挥,钢桥架设完毕,请指示。 【现场总指挥】请抢险救援人员迅速赶往灾区救援	—	—
Sc57	【10:06】	—	(女)经过大家的努力,车载机械化钢桥很快架设成功。救援车辆依次顺利从铁桥上通过	
Sc58	【10:07】	切换第三现场	—	航拍第三现场
Sc59	【10:07】	【××公路管理局应急抢险中队救援组长】:报告总指挥,我抢险中队	—	现场实景画面

续上表

序号	时间/进程	指令/对白/动作	主持/解说	屏幕画面
Sc59	【10:07】	行进至×专线25km处1孔1.5m钢筋混凝土板涵损坏,应急车队不能通行,请指示! 【现场总指挥】:根据现场情况,埋设钢波纹管,打通道路	—	现场实景画面
Sc60	【10:08】	【××公路管理局应急抢险中队救援组长】:是	(女)应急救援组与××公路管理局公路养护职工组成的应急抢险队立即调集挖掘机1台,起重机1台,自卸车2辆,平板拖车2辆,组织抢险人员铺设钢波纹管涵	现场实景画面
Sc61	【10:08】	铺设钢波纹管涵	(男)采用钢波纹管涵代替钢筋混凝土进行涵洞施工是一项新技术,钢波纹管涵以其性能稳定、便于安装、环保等优点,在公路施工中得到了广泛应用	现场实景画面
Sc62	【10:08】		(女)用钢波纹管涵代替钢筋混凝土进行涵洞施工,施工周期短、工艺简单,适宜于公路抢修保通。近年来,全省各地公路部门广泛应用。钢波纹管完成了公路水毁抢修、临时道路铺筑等许多应急抢险任务	—
Sc63	【10:09】	现场报告:管节连接完成,检验合格! 【××公路管理局应急抢险中队救援组长】:开始进行回填,保证回填密实	—	现场实景画面
Sc64	【10:09】	【××公路管理局应急抢险中队救援组长】:报告现场总指挥,钢波纹管涵铺设完毕,请指示!	—	现场实景画面

续上表

序号	时间/进程	指令/对白/动作	主持/解说	屏幕画面
Sc64	【10:09】	【现场总指挥】:迅速组织应急救援车辆通过	—	现场实景画面
Sc65	【10:09】	切换第四现场	(女)通往灾区的道路打通了,应急救援人员进入了地震灾区搜救	无人机鸟瞰第四现场
Sc66	【10:10】	公路养护工、消防车驶入灾区震中	(男)由公路养护、消防、医疗、卫生、防疫等部门组成的应急救援组,迅速抵达灾区。看到现场倒塌的厂房、破碎的建筑,救援队迅速投入救援工作	民用救灾车辆鸟瞰第四现场
Sc67	【10:11】	【××公路管理局应急抢险中队救援组长】:报告总指挥,我们已到达震中,养管站房屋损坏严重,有人员被埋迹象,请指示。 【现场总指挥】:请消防组长指派人员进行先期搜救	—	同期画面
Sc68	【10:12】	人员搜救	(男)救援队用生命探测仪对灾区展开生命探测	同期画面
Sc69	【10:13】	—	(女)搜救人员全力以赴,不放过任何一个角落,努力搜救被困人员	同期画面
Sc70	【10:13】	—	(男)消防员根据探测情况,对已探测区域有生命迹象的用红色三角旗标识,无生命迹象的用蓝色三角旗标识	同期画面
Sc71	【10:14】	【消防员】:报告消防指挥长,经探测,倒塌库房楼板下有生命迹象,请指示。 【消防指挥长】:立即组织	—	生命探测仪特写

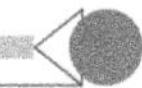

续上表

序号	时间/进程	指令/对白/动作	主持/解说	屏幕画面
Sc71	【10:14】	救援！尽量不要使用机械工具，体积较大的楼板要小心搬移，防止对搜救人员的安全构成威胁	—	生命探测仪特写
Sc72	【10:15】	【消防组长】:是	—	—
Sc73	【10:15】	—	（女）现在，救援队伍正在采取简易工具挖救和徒手挖救相结合的方式，紧张有序地开展救援工作	同期画面
Sc74	【10:16】		（男）在一处倒塌的库房内，由于被困人员被房梁压住无法活动，周围墙体崩塌掩埋，附着物较多，透过仅有的缝隙看到被困人员头部受伤，尚有意识	同期画面
Sc75	【10:16】	—	（女）现场突然再次摇晃起来，“余震来了，大家快躲避”。此时，还在现场工作的各救援小组，迅速撤离到安全区域，在地震中已经岌岌可危的房屋在余震中再次倒塌，扬起的尘土瞬间淹没了人们视线	同期画面
Sc76	【10:17】	废墟人员救助	（男）此时，彻底倒塌的房屋再次附着于被困人员上方	同期画面
Sc77	【10:17】		（男）随着被困人员陆续发现，救援人员感受到了一种前所未有的压力，时间就是生命，在保证对被困者不造成二次伤害的情况下，消防救援人员根据现场情况使用千斤顶、液压钳、组合撬棍、组合式救援柱等救援工具打开生命通道，挖掘机在确保无人掩埋的情况下，迅速清理房屋垃圾，为救援人员开辟救援通道	—
Sc78	【10:18】	人员救出	—	同期画面
Sc79	【10:19】	【医疗组长】:报告总指挥，被困受伤人员1人伤势严重，需立即手术，建议送往医院救治	—	同期画面
Sc80	【10:19】	【现场总指挥】:请直升机	—	同期画面

续上表

序号	时间/进程	指令/对白/动作	主持/解说	屏幕画面
Sc80	【10:19】	做好接送重伤员的准备。 【直升机机长】:收到,我们立即赶到。 直升机起飞	—	同期画面
Sc81	【10:20】	医疗救助点抢救伤员	(男)现场医护人员为重伤员做好先期医疗处理,并由2名医护人员随直升机送往医院	同期画面
Sc82	【10:20】		(女)时间一分一秒过去,随着最后一位被困人员抬出,医护人员迅速检查伤情,为伤员包扎、输液	同期画面
Sc83	【10:21】	直升机到达	—	—
Sc84	【10:22】	救护车出发	(男)救护车载其他伤员前往医院	同期画面
Sc85	【10:23】		(男)请各应急小组在观摩台前集结	同期画面
Sc86	【10:24】集结队伍	各队伍所有人员迅速集合	(男)实践证明,全省公路交通地震应急处置预案是可行的,它考验着全省公路系统各单位、各部门联合协作、应急处置的能力,无论是应急响应体系启动、应急指挥部研判决策还是各类应急信息流转、处理情况,在这样的突发灾难面前没有人退缩、没有人畏惧,充分展现了全省公路系统的快速反应能力和救援控制能力。灾难无情人有情,团结协作,敢为人先,困难终将被克服	同期画面
Sc87	【10:25】集结队伍	各队伍所有人员迅速集合	(女)此时,舆情信息组人员早已将此次组织开展救援工作的进展、应急工作情况,以及有关地震灾害的相关信息,及时向省公路应急指挥部报告,并联合专家咨询组开展地震灾害公众宣传解读,回应公众对此次地震的关注与咨询,以及对可能带来的惶恐做了相关的解答与报道,为灾情实施情况、救援处置及社会稳定做好最后的保障	—
Sc88	【10:26】	指挥员整理队伍	—	—
Sc89		【指挥员】:报告总指挥,演练科目已全部完成,参演人员集结完毕,请指示	【演练总指挥】:归队!	同期画面

续上表

序号	时间/进程	指令/对白/动作	主持/解说	屏幕画面
Sc90	【10:26】	副总指挥报告总指挥	—	—
Sc91		【主持人××副局长】:请××市人民政府副市长××同志讲话	—	—
Sc92	【10:28】	【主持人××副局长】:请××省交通运输厅副厅长××同志讲话	【厅长】×××……	特写画面
Sc93		请领导接见参演人员，观摩参演设备	—	—
Sc94		—	(男)尊敬的各位领导、各位来宾，本次应急救援演练已圆满完成各项既定内容，××省××年公路交通地震应急处置联合演练到此结束，再见	—
Sc95	【10:30】	—	(女)再见	播放音乐《运动员进行曲》至结束(时长1min)，方队坚持3min

第六节　××省公路交通自然灾害应急演练

一、演练方案

为深入贯彻习近平总书记关于应急管理和防灾减灾救灾工作的系列重要论述和指示批示精神，着力提升应对处置各类自然灾害的能力水平，根据省交通运输厅和省公路局××年应急演练工作安排，××公路局公路养护应急保障中心计划以因汛期洪水造成公路路基、涵洞冲毁和桥梁损坏，导致交通中断为背景，组织开展公路快速抢险保通多科目综合实战演练。为做好演练各项准备工作，特制订本方案。

1. 演练的目的、原则与类型

1)编制依据

《中华人民共和国突发事件应对法》《公路交通突发事件应急预案》《××交通运输行业

突发事件总体应急预案》《××公路局公路突发事件综合应急预案(试行)》。

2)演练目的

(1)检验《××公路局公路突发事件综合应急预案(试行)》的科学性和可操作性,查漏补缺,及时予以修订。

(2)完善××公路局公路养护应急保障中心在应急队伍建设、应急装备物资保障、应急工作组织、应急技术措施等方面的应急保障工作。

(3)磨合路警联动机制,建立高效科学的公路交通应急保通体系,理顺各方在突发事件应对工作中的职责和关系。

(4)锻炼××公路局公路养护应急保障中心应急队伍实战能力,提升应对公路交通突发事件的应急处置能力。

3)工作原则

(1)结合实际,合理定位。紧密结合××公路局公路养护应急保障中心现有队伍的应急装备物资情况,确定演练的范围与内容。

(2)着眼实战,讲求实效。在省厅局领导下,以落实应急预案响应措施为着眼点,以提高队伍使用应急装备物资的实际能力为基本任务,重视经验总结,以演促训、以演带练。

(3)精心组织,确保安全。围绕本次演练确定的目标,精心策划演练内容,针对性开展训练和预演;周密组织演练活动,制定安全及疫情防控措施,并落实到位,确保演练顺利进行。

(4)统筹规划,厉行节约。统筹规划应急演练活动,以演练需求评估为演练规划的基础,充分利用现有资源,努力提高演练效益。

4)演练形式

本次演练以75m应急机械模块化钢桥架设、汛期公路应急抢险保通为核心内容,先期组织培训和操作训练,以演练作为训练成果展示和评估手段,演练设置脚本,参演人员依据脚本和导调指令完成演练,采取示范性实战演练的形式进行。

5)演练时间

预演时间:××年9月15日9:00—17:00。

演练时间:××年9月18日10:00。

各参演单位于当天上午9时到达演练现场。

6)演练地点

演练现场:G315线K184+500(××大桥上游100m处河道及两岸)。

2. 演练情景设置

演练模拟:受近期强降雨影响,××州××河河水猛涨。9月18日上午7时25分,省干线公路路网监测中心接到报告:国道315线K184+500处××河大桥受到洪水冲击,部分桥墩、主梁受损严重,无法满足通行要求;国道315线K188+600处涵洞及路基被冲毁,造成交通中断。省干线公路路网监测中心立即将灾情上报至省公路局公路养护应急保障中心。

省公路局公路养护应急保障中心接到报告后,迅速核实灾情、研判会商,向省公路局应急

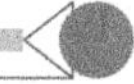

工作领导小组报告,并建议启动《××公路局公路突发事件综合应急预案》Ⅲ级响应。经局应急工作领导小组会商,同意启动突发事件Ⅲ级应急响应,由局公路养护应急保障中心组织公路抢通应急处置队伍,准备应急机械模块化钢桥等机械设备,赶赴现场开展应急处置工作。

省交通运输厅、省公路局通过路警联动机制,协调各相关单位按照各自职责开展应急处置保障工作。

3. 演练组织机构

主办单位:××公路局。

承办单位:××公路局公路养护应急保障中心。

协办单位:××公路总段、××路网运行监测与应急处置中心、××公路路政执法支队、中国联通××分公司、××交通运输局、××公安交通警察支队、××公安交通警察支队、××交通运输局、××公安交通警察大队、××公路路政执法大队、××公路段。

1)演练总指挥部

总 指 挥:×××

副总指挥:×××

成　　员:省路网运行监测与应急处置中心、省交通警察总队、省公路路政执法总队、省气象服务中心

职　　责:(1)统一指挥国省干线公路交通突发事件应急处置工作。

(2)组织调动全省干线公路应急处置力量和资源,统一安排、调用应急装备物资、车辆、人员。

(3)及时根据所掌握的信息发出指令或到现场指导突发事件的应急处置工作。

(4)要求各应急保障工作组,在总指挥部的统一领导下,负责组织完成应急保障任务。

(5)启动和终止事件应急响应。

2)现场指挥部

现场指挥长:×××

副 指 挥 长:×××

职　　　责:负责应急保通现场指挥协调,组织专家制定应急抢通方案;协调各联动单位依据预案保通;向总指挥部报告现场处置情况。

现场指挥部依据此次灾情性质、危害程度、影响范围及处置行动需要,下设9个工作小组。

(1)综合协调组。

组长:×××

成员:×××

职责:负责落实演练现场指挥部的指令,综合协调现场指挥部与有关部门的联络和信息交换工作;负责协调各小组之间的分工配合。××县交通运输局负责协调当地政府水利、生态环境、自然资源、应急管理、公安交管等部门,对本次演练予以支持。

(2)技术专家组。

组长:×××

成员:×××

职责:负责对公路交通突发事件应急处置工作进行技术指导和提出建议。

(3)交通管制组。

组　长:×××

副组长:×××

成　员:××州公安局交通警察支队、××州公安局交通警察支队、××公路路政执法支队、××县公安局交通警察大队××中队8人、××公路路政执法大队10人

职　责:负责疏导车辆,实施临时交通管制,保障抢险保通作业安全。

(4)公路抢修组。

组　长:×××

副组长:×××

成　员:××公路段组织养护工28名、××公路养护应急保障大队机械操作手8名

装　备:挖掘机1台、装载机1台、压路机1台、自卸车2辆、50t起重机1台,铁丝笼、波纹管、麻袋等物资若干,21m应急快速钢桥1座。

职　责:负责在××河西岸勘查确定适当位置修筑桥台,填筑引道和临时道路,为临时桥梁搭设创造条件,并在涵洞和路基水毁处架设21m应急快速化钢桥。

(5)钢桥架设组。

组长:×××

成员:×××

装备:×××

职责:负责在庄浪河东岸选定位置架设75m应急机械模块化钢桥。

(6)机械管理组。

组长:×××

成员:×××

职责:负责演练期间投入的全部应急机械设备、车辆、物资的运输及调配使用、安全管理,确保其正常运转;向观摩单位领导讲解应急机械设备性能等。

(7)通信保障组。

组长:×××

成员:×××

装备:省路网运行监测与应急处置中心应急通信车1辆、联通公司通信保障车1辆。

职责:负责突发事件处置现场与后方指挥部通信联络、发布路况信息等工作。

(8)后勤保障组。

组长:×××

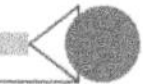

成员：×××

装备：餐饮车1辆、净水车1辆、发电车1辆、宿营车2辆、大型平板运输车1辆、班用帐篷4顶，单人帐篷若干。

职责：负责公路交通突发事件中处置队伍、应急物资、后勤物资、应急车辆等保障工作。

(9)演练评估组。

组长：省应急管理厅

成员：×××

职责：负责演练评估工作，对演练组织情况、演练效果进行科学评估。

3)出席领导及观摩嘉宾

(1)省路网中心会商室观摩嘉宾。

省厅局领导6人，应急管理厅、交警总队、路政执法总队、省气象服务中心领导，共12人。

(2)××河现场观摩嘉宾。

局领导及机关部门10人，各总段6人。××州政府及州交通局、应急管理局6人。××政府有关部门15人。交通系统兄弟单位15人。特邀专家3人。

4.演练科目及流程

1)演练科目

①科目一：应急响应。

省公路局公路养护应急保障中心接到省路网运行监测与应急处置中心报告，迅速核实灾情、研判会商，向省公路局应急工作领导小组报告，并建议启动《××公路局公路突发事件综合应急预案》Ⅲ级响应。经局应急工作领导小组会商，同意启动突发事件Ⅲ级应急响应，由局公路养护应急保障中心组织道路抢险应急处置队伍、应急机械模块化钢桥架设队伍赶赴现场开展应急处置工作，由省厅局协调“路警联动机制”成员单位调集队伍参与抢险救援。

②科目二：现场研判。

省公路局公路养护应急保障中心到达现场后成立现场指挥部，评估灾情，组织专家制订现场应急处置方案。重点工作为××县境内G315线××河大桥桥墩受损，××县境内部分公路涵洞、路基冲毁后恢复应急通道，指挥部决定在该桥梁原址上游架设75m应急机械模块化钢桥1座，调动××县内可调动力量架设21m应急快速钢桥1座，抢修一段简易道路。

③科目三：应急物资调运。

省公路局公路养护应急保障中心接到紧急调动应急队伍的命令后，立即组织运输车辆、工程机械、应急机械模块化钢桥、应急快速化钢桥、发电车、净水车、宿营车、波纹管、铅丝笼、防洪沙袋等应急装备物资，指挥部协调××交警支队、××交警大队、××路政执法支队派员保障，赶赴受灾现场。

④科目四：修筑临时桥台及简易道路。

省公路局公路养护应急保障中心就近调集公路养护应急队伍到达现场，使用铅丝笼、防洪沙袋、波纹管在受损桥梁上游选定位置修筑桥台、引道及简易道路。

⑤科目五:架设机械模块化钢桥。

××公路局公路养护应急保障中心架设75m应急机械模块化钢桥、21m应急快速钢桥,保障应急通道畅通。

⑥科目六:信息发布。

通信保障、宣传组及时向社会发布应急信息以及道路通行情况。

2)演练流程

(1)预备区集结:参演人员及车辆在各自指定位置待命。

(2)演练启动:现场指挥长向演练总指挥报告演练准备就绪,演练总指挥宣布演练开始。

(3)描述灾情及紧急动员(短片):灾情描述及启动应急响应,调集技术队伍侦查勘测,调集抢险队伍、应急物资向灾害地点集结。

(4)检查及评估:技术队伍勘查,向现场指挥部报告,制订抢通方案:一是在桥梁损毁原址上游架设75m应急机械模块化钢桥,保证救援队伍通行;二是在涵洞路基损毁处架设21m应急快速化钢桥。

(5)抢险队伍到达处置位置:各保障单位沿途保障救援力量到达现场,向现场指挥长报告,现场指挥长下达应急指令,各单位迅速按新的任务分工开展工作。

(6)同步开展应急抢险保通行动:用防洪沙袋、铅丝笼人工修筑临时桥台,修建简易道路。

(7)架设2座应急钢桥:省公路局公路养护应急保障中心架桥队伍架设75m应急机械模块化钢桥,视现场情况架设21m应急快速化钢桥。

(8)应急车辆通行:警车2辆,道路巡查车2辆、指挥车1辆、架桥车5辆通过2座应急钢桥。

(9)信息发布:通信保障组发布应急信息以及道路通行情况。

(10)演练结束:现场指挥长报告演练任务完成情况,总指挥宣布演练结束。

(11)人员集结:参演单位集结。

(12)专家对演练进行点评。

(13)上级领导总结讲话。

5.装备物资准备

工程机械:75m桥车5辆、21m桥车1辆、挖掘机1台、装载机1台、压路机1台、自卸车2辆、炊事车1辆、净水车1辆、发电车1辆、宿营车2辆、大型平板运输车1辆,共计17台/辆。

现场视频采集、通信设备等其他器材:对讲机10部、侦查无人机1台、移动录像设备、照相器材等。

文件资料:各类与公路交通突发事件评估相关的法律法规标准和技术文件,公路交通突发事件应急相关文书、报表,应急物资储备地分布图,演练区域地图(电子版和纸质版),演练地点周围情况资料(包括人口分布、气候、地形等)等。

6. 演练评估

邀请应急管理部门、公路交通部门专家担任演练评估组成员，对演练组织及演练效果等进行全过程、全方位的评估。

主要从应急预案及相关程序执行情况、应急响应流程规范性（包括应急响应启动、应急行动开展和应急行动终止等）、应急指挥部研判决策能力、各应急小组成员应急响应预判和处置能力、各应急小组应急行动及相互间协调配合情况、应急装备完备性及使用情况（特别是75m应急机械模块化钢桥等应急设备的正确使用）、信息发布情况7个方面进行评估。

演练结束后由演练评估组对××年××公路交通自然灾害应急演练进行总结评估。

7. 演练注意事项和要求

（1）本次综合实战演练，参演单位和人员多、车辆多，各单位一定要在思想上高度重视，组织上严密部署，确保演练成功。

（2）为保证演练的效果，所有参演车辆和人员必须严格遵守演练现场纪律，服从领导指挥，除设定的演练科目外不准私自行动、自由出入。

（3）为检验省公路局公路养护保障中心应急能力，演练日不因雨雪因素延期，所有参演人员、车辆做好应对准备，在遇到特殊情况时，要临机果断处理，确保安全。

（4）各组要细化细节，责任到人，确保演练工作顺利进行。

（5）本次演练属实景模拟演练，因此各参演单位应根据工作实际需要，统一着装。

二、演练脚本

演练脚本见表5-14。

演练脚本　　表5-14

进程	时间	人物	地点	任务说明	对白/解说词	屏显内容
Sc1	【10:00】	解说员	观摩区	①车队在预备区待命，各应急工作组在观摩台前列队，设备、器具准备完毕； ②起重机、铅丝石笼运输车在指定位置待命	（解说员）尊敬的各位领导，各位来宾： ××年××公路交通重大自然灾害应急演练马上开始，为确保您在观摩期间的安全，请您遵守以下安全规定和听从现场协调指挥人员的安排。 ①观摩期间如有紧急情况发生，请保持冷静，听从疏散人员指挥撤离现场，到指定地点集中； ②请在指定的区域进行观摩，禁止进入演练警戒区； ③观摩时如使用摄像器材，请征得工作人员的同意，进入指定区域摄像； ④因目前仍在疫情防控期间，请各位观摩领导、参演人员依据疫情防控要求接受健康检查、佩戴口罩； ⑤如有人员身体不适时，请及时与现场工作人员联系	演练屏保

续上表

进程	时间	人物	地点	任务说明	对白/解说词	屏显内容
Sc2	【10:01】	解说员	观摩区	领导在观摩台就座	(解说员)请各位领导在观摩台就座,请参演队伍入场。	观摩台画面
Sc3	【10:01】	参演队伍	从预备区至场地	①75m桥车5辆进入场地西靠近河岸处; ②装载机、自卸车、巡查车、指挥车、21m桥车、宿营车进入场地观摩台正前方; ③人员下车列队,指挥员指挥从两个方向同时入场	—	入场画面
Sc4	【10:03】	解说员	观摩区	介绍演练目的	(解说员)尊敬的各位领导、各参演单位: 欢迎您参加由××公路局主办,××公路局公路养护应急保障中心承办,××公路总段、××交通运输局、××公安交通警察支队、××公安交通警察大队、××公路路政执法支队、××公路路政执法大队、××公路段协办的“××年××公路交通重大自然灾害应急演练”	观摩台
Sc5	【10:04】	解说员	观摩区	介绍参演单位、观摩嘉宾、指挥机构	(解说员)观摩指导本次演练的领导有:(附件) 根据相关应急预案,担任演练总指挥的是:××交通运输厅副厅长、××公路局局长×××同志,担任副总指挥的是××公路局副局长×××同志。担任现场指挥长的是××公路局公路养护应急保障中心主任×××同志。	队列

续上表

进程	时间	人物	地点	任务说明	对白/解说词	屏显内容
Sc5	【10:04】	解说员	观摩区	介绍参演单位、观摩嘉宾、指挥机构	这次演练的目的是深入贯彻习近平总书记关于应急管理和防灾减灾救灾工作的系列重要论述和指示批示精神，磨合路警联动机制，锻炼××公路局公路养护应急保障中心应急队伍，提高国省干线公路养护队伍应对防范自然灾害的综合能力	队列
Sc6	【10:07】	局领导	观摩区	局领导致辞	（解说员）现在请××公路局×××同志致辞	—
Sc7	【10:10】	指挥长总指挥	现场指挥部观摩台	①指挥长报告； ②总指挥宣布演练开始	（解说员）感谢领导致辞。现在请现场指挥长向总指挥报告演练准备情况。 【现场指挥长】报告总指挥，演练各项工作准备就绪，请指示。 【演练总指挥】我宣布，演练开始。 【现场指挥长】是	①报告画面； ②演练总指挥特写
Sc8	【10:10】	指挥长	现场指挥部	①指挥长发布开始演练指令； ②各队伍退场准备	发布指令： 【现场指挥长】各单位注意，演练开始	现场指挥长画面
Sc9	【10:11】	—	—	（情景短片）	（情景短片）受近期强降雨影响，××州××河河水猛涨。9月18日上午7时25分，省干线公路路网监测中心接到报告：G315线××河大桥受到洪水冲击，#号桥墩、主梁严重受损，临近公路××段路基、桥涵冲毁，交通中断。省干线公路路网监测中心立即将灾情上报至省公路局公路养护应急保障中心。 省公路局公路养护应急保障中心接到报告后，迅速核实灾情、研判会商，向省公路局应急工作领导小组报告，并建议启动《××公路局公路突发事件综合应急预案》Ⅲ级响应。经局应急工作领导小组会商，同意启动突发事件Ⅲ级应急响应，由局公路养护应急保障中心和××公路总段组织道路抢险应急处置队伍、应急机械模块化钢桥架设队伍赶赴现场开展应急处置工作。 局公路养护应急保障中心通过路警联动机制，由××县交通运输局协调××县政府各相关单位、××公路路政执法支队赶赴现场，按照各自职责开展应急处置保障工作	播放情景短片

续上表

进程	时间	人物	地点	任务说明	对白/解说词	屏显内容
Sc10	【10:14】	现场指挥组	现场指挥部	现场指挥长到达，了解现场情况研判	（解说员）灾情发生后，局公路养护应急保障中心、××州公安局交警支队、省公路局公路养护管理部、××公路路政执法支队、××公路总段等单位指挥人员及专家立即赶赴现场成立现场指挥机构。现场勘查人员立即向指挥部报告现场情况，并提交现场勘测图纸	现场指挥部成立画面
Sc11	【10:15】	现场指挥组	现场指挥部	现场指挥部成员及专家研判后制订现场处置方案	（解说员）指挥长了解现场情况后召集已到达现场的队伍会商研判，制订防汛抗洪抢险计划，确定当务之急是打通应急通道，确保救援队伍及时进入灾区抢险救援，采纳专家意见后，现场指挥部制定处置方案：一是在××河西岸利用钢丝石笼、波纹管涵、砂石料修筑临时桥台及引道，以便在××大桥上游东岸向对岸架设模块化钢桥；二是从××河西岸在小桥涵冲毁缺口处架设21m应急快速钢桥，连通引道与接近路；三是立即从××河东岸逐级搭设75m机械模块化钢桥，保证××湖北环线畅通。会商完毕，各队伍到达现场，向现场指挥部报到，领受任务	指挥部会商画面
Sc12	【10:16】	交通管制组	指挥部前	①车队到达； ②交通管制组报告； ③交通管制组疏导交通	【交通管制组】报告指挥部，交通管制组到达现场，请指示。 【交警指挥长】疏导车辆为救援车辆让行，保障应急通道畅通，在抢险现场设置警戒区，保障抢险队伍作业安全。 【交通管制组】是。 （解说员）交通管制组由××州公安局交通警察支队、××州公安局交通警察支队、××县公安局交通警察大队、××公路路政执法支队、××公路路政执法大队组成，负责应急通道及抢险现场安全保障工作	交通管制组报告画面
Sc13	【10:17】	桥台及引道修筑组	××河西岸	①桥台抢修及道路抢险保通组报告； ②车辆及人员进入现场，开始修筑桥台	【桥台抢修及道路抢险保通组】报告指挥长，桥台抢修及道路抢险保通组到达指定位置，请指示。 【现场指挥长】按现场处置方案，立即勘查现场，修筑临时桥台、引道，并架设21m应急快速钢桥。 【桥台抢修及道路抢险保通组】是。 （解说员）桥台抢修及道路抢险保通组由××公路段、××公路养护应急保障大队组成，负责在××河西岸勘查确定适当位置修筑桥台，填筑引道和临时道路，为临时桥梁搭设创造条件，并在水毁小桥涵处架设21m钢桥，连通接近路。勘查人员首先进入现场勘验，选定适当位置修筑桥台	桥台抢修及道路抢险保通组报告画面

续上表

进程	时间	人物	地点	任务说明	对白/解说词	屏显内容
Sc14	【10:17】	75m应急机械模块化钢桥架设组	指挥部前	①75m应急机械模块化钢桥架设组报告； ②75m应急机械模块化钢桥架设组指挥架桥车向处置点转移	【75m应急机械模块化钢桥架设组】报告指挥长，75m应急机械模块化钢桥架设组到达现场，请指示。 【现场指挥长】按现场处置方案，立即开始架设75m应急机械模块化钢桥。 【75m应急机械模块化钢桥架设组】是。 （解说员）75m应急机械模块化钢桥架设组由局公路养护应急保障中心××公路养护应急保障大队技术人员组成，负责在××河东岸选定位置搭设75m应急机械模块化钢桥，5辆桥车在路政人员的引导下在指定位置准备架设	75m应急机械模块化钢桥架设组报告画面
Sc15	【10:18】	通信保障及宣传组	指挥部前	①通信保障及宣传组到达现场； ②通信保障及宣传组进入现场收集信息	【通信保障及宣传组】报告指挥长，通信保障及宣传组到达现场，请指示。 【现场指挥长】收集各路段受损情况，及时报告现场信息。 【通信保障及宣传组】是。 （解说员）通信保障及宣传组由省路网运行监测与应急处置中心、局办公室、干线公路路网监测中心人员组成，负责收集各路段受损情况及防汛抗洪灾害相关的资料信息，及时向现场指挥部报告。经现场指挥部审核同意后向上级单位报告应急信息	通信保障及宣传组报告画面
Sc16	【10:19】	后勤保障组	指挥部前	①后勤保障组到达现场报告； ②后勤保障组登车	【后勤保障组】报告指挥长，后勤保障组到达现场，请指示。 【现场指挥长】立即调查现场保障需求，做好电力、燃料、生活等各项保障工作。 【后勤保障组】是。 （解说员）后勤保障组由局公路养护应急保障中心各部门、××公路养护应急保障大队组成，负责公路交通突发事件中处置队伍、应急物资、后勤物资、应急车辆等保障工作。餐饮车、净水车、发电车、宿营车为现场应急人员提供较为全面的后勤保障	后勤保障组到达现场报告画面
Sc17	【10:19】	桥台抢修及道路抢险保通组	××河西岸干滩	吊放钢丝石笼	（解说员）现在桥台抢修及道路抢险保通组已在××河上游处选定适合位置。首先使用起重机向河滩吊放钢丝石笼搭设桥台。钢丝石笼为生态网格结构形式，是为防止桥两侧堤岸受水流冲刷而设置的装填石块的笼子。这种结构成功地应用于水利、	钢丝石笼就位画面

续上表

进程	时间	人物	地点	任务说明	对白/解说词	屏显内容
Sc17	【10:19】	桥台抢修及道路抢险保通组	××河西岸干滩	吊放钢丝石笼	公路、铁路、堤防的保护工程中,在世界范围内已经成为保护河床、治理滑坡、防治泥石流、防范落石兼顾环境保护的首选结构形式。由于75m应急机械模块化钢桥逐段承重,桥台承压要求较低,可以利用钢丝石笼修筑临时桥台	钢丝石笼就位画面
Sc18	【10:20】	75m应急机械模块化钢桥架设组	××河东岸	①测量; ②修筑桥台	(解说员)桥梁架设专家立即进行现场测量与计算,75m应急机械模块化钢桥架设前需要测量两岸跨径长度及桥台承压,以确保桥梁架设完成后通行安全。作业顺序是:①标示架桥点的接近路。②标定桥轴线,修整桥梁进出口。标示倒车线和桥车稳定支腿的设置位置和打桩点。③测出两岸的岸边坡度。④测量障碍宽度,确定架桥跨数,并标示桥梁两岸端部位置。⑤测量障碍深度,推算出首、末两跨桥桥脚接地处的坡度,并相继测出其余各跨桥桥脚础板处的深度。经实地勘查测算,断道处河面宽约60m,岸高4.2m,岸边纵坡+8°~-10°,河水流速1.7m/s,东岸地基满足75m应急机械模块化钢桥承台承压设计要求,可架设钢桥	—
Sc19	【10:21】	75m应急机械模块化钢桥架设组	××河东岸	第一跨架设(5min)	(解说员)随着指挥人员连续发出指令,6名作业手依据指令操作。 第一步:作业手就位。 第二步:桥车到达架桥位,使桥车轴线对准桥轴线。 第三步:卸紧定具,作业手们快速松解桥两侧升降架紧定具和桥跨紧定具。 第四步:取辅助器材,3号作业手协助1、4、5、6号作业手从跳板架上取下两块跳板,置于两稳定支腿的下方,使跳板的支承槽对准稳定支腿的支承座;2号作业手从2号工具箱中取出锁紧扳手、羊角撬杠、活动栏杆、裂石锤、圆锹、十字镐,整齐地放置在一边,然后取下定位器;3号作业手从3号工具箱中取出三角木、稳定支腿垫木、系留钢索,并将其中一块三角木交给2号作业手,分别将三角木置入桥车中后轮胎下,然后从4号工具箱中取出活动栏杆、系留柱。 第五步:放稳定支腿,由2号作业手将移动操纵盒上的电源开关置于“支腿电源”处后,支腿开关扳向“伸出”,顶起桥车尾部,使钢板弹簧处于自由状态,并予调平后停止动作。转入支腿调平。	架桥画面

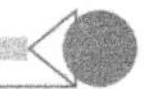

续上表

进程	时间	人物	地点	任务说明	对白/解说词	屏显内容
Sc19	【10:21】	75m应急机械模块化钢桥架设组	××河东岸	第一跨架设(5min)	第六步:顶起升降架,操作前,应检查桥跨锁钩是否锁紧,桥脚收放装置是否收紧。2号作业手将操纵盒上的电源开关置于“架桥电源处”,将移动操纵盒上的升降架开关扳向“顶起”位置。此时升降架被逐渐顶起,在顶起过程中要注意观察油缸有无爬行运动及异常响声出现,有则停止顶推,进行检查。顶起过程中,应注意观察主钢索保持适当松紧,避免钢丝绳过紧而损坏器材。顶起到位后,4、6号作业手要注意观察主钢索是否在桥跨所经过的各滑轮内,不得有主钢索脱槽现象。在顶起过程中,2号作业手用节气门开关来调节顶起的速度。当升降架即将顶起到位,升降架与汽车大梁成100°夹角,此时两拉杆应同时受力拉直,否则会损坏升降架或顶推油缸。 第七步:松锁紧钩,当升降架定期到位,2号作业手扳动桥跨锁钩开关至“放开”挡位置,锁紧钩被打开,桥跨松解到位后,面板指示灯亮,电喇叭响。 第八步:展开桥跨,通过移动操纵盒来完成。将绞盘开关扳向“放松”位置,同时将桥跨开关扳向“展开”。此时,桥跨被逐渐放下并同时呈剪刀形展开,在绞盘放钢索和桥跨展开过程中,通过操纵节气门开关来调节收紧和展开的速度。开始时,调节节气门使发动机保持怠速运转,中间行程用小节气门开度或大节气门开度。当两半跨桥展开到位时,桥跨自锁机构自动将两半桥跨锁紧,桥跨形成刚性连接。2号作业手把绞盘开关和桥跨开关复位,绞盘停止收紧。此时桥跨与水平面成5°~10°。在桥跨展开过程中,当桥跨即将展开到位时,要密切注意桥面,桥跨展直后,将桥跨伸展控制阀迅速置于收拢位,片刻可使油缸在通载时不受外力,然后立即将液压绞盘和展桥液压缸手柄复至中位,防止液压绞盘或展桥液压缸因过载而损坏。在桥跨展开过程中,如绞盘操纵系统出现故障,可以采取应急措施使桥跨收回或放下。扳动绞盘控制阀手柄,使绞盘收紧或放下钢索。扳动手柄时要密切注视桥跨的位置,避免强拉硬拖,使结构损坏。 第九步:上桥面,4、6号作业手上桥,5号作业手带锁紧扳手同时上桥。 第十步:放桥脚,由2号作业手将移动操纵盒上的	架桥画面

续上表

进程	时间	人物	地点	任务说明	对白/解说词	屏显内容
Sc19	【10:21】	75m应急机械模块化钢桥架设组	××河东岸	第一跨架设(5min)	供油开关选择至“桥脚”位,4、6号作业手分别站在两桥脚绞盘的侧面,将液压电动机手柄扳向“放桥脚”位置或者操纵移动盒上的供油开关,使钢索放出,桥脚在自重作用下放下。当桥脚下摆成45°状态时,打开桥脚绞盘上的离合器,桥脚在重力作用下下摆成垂直状态,同时每一侧的两只桥脚在扭力杆的作用下张开一定的角度。待桥脚触板展开后,立即将液压电动机及离合器手柄扳向中位,制动绞盘。同时5号作业手卧于桥端,操纵多路换向阀的横向控制手柄压向桥脚顶部活动压板方向,使其移动到位,2号作业手将移动操纵盒上的供油开关选择至“桥车”位,将绞盘开关扳至“放下”,使桥面与水平成5°角,但触板不接触河床。4、6号作业手分别插上连接耳板之间的上插销。 接着操作手进行第十一步:横向调整,1、3号作业手分别拔出活动臂定位销,并转动90°,2号作业手按指令将桥跨调整开关扳至“向左”或“向右”位置,使桥跨中心线对准桥轴线。 第十二步:放桥端,由1、3号作业手松解活动臂与桥跨间外侧两锁紧螺钩,2号作业手将桥跨提升开关扳向“放下”位置,将桥端放至岸边。1、3号作业手从提升吊孔座中取出提升球头,2号作业手扳动“提升”开关至“提起”位置,收回提升钢索球头。 第十三步:设置桥脚,2号作业手选择桥脚供油,5号作业手操纵多路换向阀上标有①、②、③、④的4个手柄,使4个桥脚下柱同时向下伸出,直至桥脚础板触及河床并使桥脚活动压板与桥跨连接耳板的弧形面吻合,避免桥梁通载时连接耳板压伤冠材。1号作业手按架桥方案的要求,指挥5号作业手调整各桥脚柱高度,使桥面横向水平,纵向呈约5°的坡度;同时使桥脚下柱上下微动,配合4、6号作业手用锁紧扳手将4个桥脚柱锁住。桥脚锁住后,5号作业手将桥脚柱油缸的活塞杆微收回,使桥脚柱油缸处于非受力状态,2号作业手将桥脚开关复位。 第十四步:收主钢索,5号作业手托住主钢索滑轮,4、6号作业手从吊耳中取出连接销。2号作业手将绞盘开关扳向“收紧”位置,加速开关扳向“高速”位置,4、5、6号作业手向后拉紧主钢索,防止钢索缠绕混乱,当滑轮收至升降架尾横梁处时,4、6号作业手协同将主钢索吊耳放入尾横梁固定座内。	架桥画面

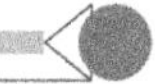

续上表

进程	时间	人物	地点	任务说明	对白/解说词	屏显内容
Sc19	【10:21】	75m 应急机械模块化钢桥架设组	××河东岸	第一跨架设(5min)	第十五步：收活动臂，4、6 号作业手，3、5 号作业手分别站在活动臂左右两侧，同时用力将活动臂提起，翻转至升降架的托架上，并将托架上的活动臂固定链条挂在活动臂固定座上。4、5 号作业手将活动臂定位销转动 90°，使销体压在尾轴上。2 号作业手操纵调整开关左右微动，使活动臂定位。在翻转活动臂过程中，应始终握住把手，防止其自行下滑伤人。 第十六步：收升降架，2 号作业手将操纵盒上的电源开关置于“架桥电源”处，将顶推开关扳向“收回”位置，加速开关按开始小、中间大、结束小的速度收回升降架。当信号灯亮、电喇叭响时，2 号作业手立即使顶推开关复位。 第十七步：收稳定支腿，2 号作业手将操纵盒上的电源开关置于支腿电源处，按放下稳定支腿相反的顺序收起稳定支腿。 第十八步：撤离桥车，驾驶员踩下离合器踏板，约 3s 后，逆时针旋转油泵取力器接通开关，待指示灯亮熄灭后，松开离合器踏板，油泵停止工作。2 号作业手将工况、电源开关复位，并将移动操纵盒交给驾驶员放回原位，驶离架桥位。 第十九步：整理桥面，4、6 号作业手分别将岸边系留装置与桥跨两侧系留座连接，将加宽板锁紧螺杆转动 90°，并将 4 块加宽板翻转展开，将桥脚绞盘座锁紧螺杆转动 90°，同时将桥脚绞盘翻转到绞盘窗口中，再将桥脚绞盘座螺杆转动 90°，使桥脚绞盘固定在桥跨上。将定位器装入桥面左侧定位器孔中，将 4 个活动栏杆分别装在桥跨两侧栏杆座上，将三角木和稳定支腿垫木分别放在桥端两侧，锁紧扳手放在加宽板上。 第二十步：岸边设置。1、2、3 号作业手带上板桩、裂石锤、十字镐等工具，在指定地点打桩，并连接调整好系留装置。3、4 号和 5、6 号作业手分别将两块跳板的连接耳与桥端跳板连接耳上的销孔对齐，2 号作业手用羊角撬杠拨动连接销，将跳板与桥跨连接。跳板底面与地面接触应密实，跳板与岸边过渡应平顺，否则应进行土工作业。 第一跨架设完成	架桥画面

续上表

进程	时间	人物	地点	任务说明	对白/解说词	屏显内容
Sc20	【10:35】	75m应急机械模块化钢桥架设组	××河东岸	现场作业：第二跨架设	（解说员）现在75m应急机械模块化钢桥架设组正在架设第二跨钢桥。为提高应急保障效率，尽快打通××湖北环线，指挥部命令75m应急机械模块化钢桥架设组在修筑桥台时同步架设75m超大跨度应急机械模块化钢桥。75m应急机械模块化钢桥由底盘车、桥跨、桥脚、升降架、液压与电气系统、辅助器材与工具组成，由5辆桥车构成，器材总重30.6t。其特点是机械化程度高，机动性好，架设速度快；桥面调整方便，通载稳定性可靠；作业人员少，劳动强度低；既可单跨架设，又可多跨连架。在配置一些专用装置后，还可与其他舟桥器材进行混合架设。主要用于保障履带式载荷60t、轮式轴压荷载13t以下的各种车辆，克服宽70m、深5m以内小河川、干沟和沼泽等障碍，并在需要时与舟桥器材进行混合架设，以克服宽大河流的河岸浅滩地段。架设时间单跨9～11min，全套55～65min，桥面高度3.32～5.5m，架设单跨需7人，全套需13人。而传统的贝雷桥，架设时间需4～5h，架设人员需要40人，机械模块化钢桥革命性地提高了架设效率。 架设75m应急机械模块化钢桥的队伍是××公路局公路养护应急保障中心××公路养护应急保障大队。××公路局公路养护应急保障中心经历数次应急抢险，已锻炼成一支召之即来、来之能战、战则能胜的应急抢险“铁军”。××年9月，××州受连续降雨天气影响，20日至22日，国道G227张孟线K734+300～K735+800××路段、K720+500～K721+800××路段相继发生重大山体滑坡地质灾害，造成两处公路路基严重滑移、变形、路面开裂，导致交通中断。省公路局公路养护应急保障中心经过不眠不休的抢修，确保了G227的畅通	现场作业画面
Sc21	【10:40】	桥台抢修及道路抢险保通组	桥台	桥台修筑	（解说员）在第二跨钢桥架设的同时，桥台修筑现场正在紧张地进行桥台修筑工作。由于××河大桥严重损毁，××公路段奉命出动，在××公路路政执法大队的保障下，及时抵达作业点，同时局公路养护应急保障中心调集了正在××县执行任务的××公路养护应急保障大队21m应急快速钢桥架设技术人员在小桥涵水毁处架设21m应急快速钢桥	现场作业画面

续上表

进程	时间	人物	地点	任务说明	对白/解说词	屏显内容
Sc22	【10:41】	桥台抢修及道路抢险保通组	引道修筑处桥台	①现场作业; ②修筑引道; ③架设21m应急快速钢桥	(解说员)21m应急快速钢桥,桥车一体,车具有较好的越野性能,桥为折叠式公路钢桥。桥车上包括上部结构、桥脚、架桥机械装置和辅助器材等。在公路应急抢险时,可整车出发,在抢险路段进行自动化精确定点铺设。这辆"桥车"宽2.5m,车上装载着折叠式钢桥,桥梁展开总长度为21m,克服障碍最大宽度为19m,最大通行荷载履带式60t,轮式荷载轴压力17t;通过最大车速为80km/h。其强大的通载能力,在河流、干沟、断谷等复杂路况上可发挥作用。 现在桥车稳定支腿已经就位,开始推桥作业。车载机械模块化钢桥按照架设的方式分翻转式、剪刀式和平推式。翻转式机械模块化钢桥的上部结构通常为车辙式,上部结构通常反向放置在驾驶室及车架上。架设时通过液压油缸或绞盘钢索,使上部结构绕后轴旋转,直立竖起,通过钢索滑轮翻转,放到架桥点上。剪刀式机械模块化钢桥的上部结构在运输时呈折叠状态,架设时通过液压油缸升起桥节,用钢索或液压油缸使折叠的桥节展开。平推式机械模块化钢桥的桥车,装有两个水平叠放的半桥节,架设前先将两个半桥节在架桥车上自动连接成整体,装上础板,然后将整个桥节推向河渠或沟壕架成桥梁。这种机械模块化钢桥在使用时隐蔽性较好,现在我们看到的就是平推式机械模块化钢桥。 临时桥台修筑完成,应急队员开始修筑接近路及引道,挖掘机、装载机、自卸车、压路机等大型工程机械在指挥人员的指挥下繁忙而有序地修筑道路,道路在逐渐向桥台接近,引道与接近路已经逐步联通	现场作业画面
Sc23	【10:50】	75m应急机械模块化钢桥架设组	桥台	第四跨、第五跨架设	(解说员)随着多种模块化机械桥的装备,××道路交通应急处置能力实现了跨越性发展(插入公路养护应急保障中心资料片)	现场作业画面
Sc24	【11:10】	75m应急机械模块化钢桥架设组	桥上	现场作业: 75m应急机械模块化钢桥架设	(解说员)现在75m应急机械模块化钢桥尾跨桥正在架设,放置桥端作业时,如果出现桥墩连接耳板弧形凹面与桥脚顶部活动压板不吻合时,需要进行纵向调整。如果桥墩连接耳板处于桥脚顶部活动压板内侧,2号作业手操纵绞盘开关,使主钢索放松,然后微收顶推油缸,使升降架将尾跨桥向外顶;	现场作业画面

续上表

进程	时间	人物	地点	任务说明	对白/解说词	屏显内容
Sc24	【11:10】	75m应急机械模块化钢桥架设组	桥上	现场作业:75m应急机械模块化钢桥架设	如果桥墩连接耳板处于桥脚顶部活动压板外侧,则向前移动桥车约10cm,使活动臂弹簧销脱离活动臂耳板孔,微收主钢索拉拢桥跨,使其桥墩连接耳板的弧形凹面与桥脚顶部活动压板吻合。桥梁架设完毕,作业手清理架桥所用的辅助器材和专用工具,并将其全部装回原桥车工具箱中。 应该注意在全桥架设过程中,必须根据具体情况统筹考虑每跨桥的桥脚调整高度,保证桥梁架通后具有一定的上拱度,以利于提高桥梁的通载性能。如果桥梁架设在软地基上,架通后,应逐步增大通载吨位进行预压,然后用桥车液压系统调整桥面高度。桥梁架设完成,75m应急机械模块化钢桥架设组向现场指挥部报告	现场作业画面
Sc25	【11:12】	75m应急机械模块化钢桥架设组	指挥部前	桥梁架设完毕,现场处置组报告	【75m应急机械模块化钢桥架设组】报告指挥长,75m应急机械模块化钢桥安装完毕,经检查具备通车条件,请指示。 【现场指挥长】继续前进巡查,保障道路畅通。 【75m应急机械模块化钢桥架设组】是,我们立即出发	现场处置组报告画面
Sc26	【11:13】	交通管制组	指挥部前	①现场指挥部发布通行指令; ②车辆通行,警车2辆、道路巡查车2辆、指挥车1辆、架桥车5辆通过模块化桥	【现场指挥长】交通管制组,首先引领抢险车辆通行,并依据通行方案引导其他车辆通行。 【交通管制组】是,立即引导通行。 (解说员)经过各应急队伍不懈努力,75m机械模块化钢桥架设完毕,打通了××湖北环线,交通管制组2辆警车,引导道路巡查车、指挥车和5辆架桥车通过应急桥梁,继续向前巡查	①发布指令画面; ②车辆通行画面
Sc27	【11:16】	通信保障及宣传组	指挥部前	现场指挥部发布通行指令	【现场指挥长】通信保障及宣传组,发布路况信息。 【通信保障及宣传组】是,立即发布信息	发布指令画面

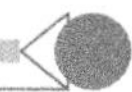

续上表

进程	时间	人物	地点	任务说明	对白/解说词	屏显内容
Sc28	【11:16】	通信保障及宣传组	—	信息发布	【通信保障及宣传组】(信息发布短片)	发布画面
Sc29	【11:18】	指挥长	指挥部前	①队伍入场; ②整理队伍	发布指令: 【现场指挥长】各单位注意,列队集结。 【现场指挥长】所有队伍,听我口令。立正,向右看齐,向前看	队伍入场集结画面
Sc30	【11:22】	指挥长	观摩台前	现场指挥长报告	【现场指挥长】报告总指挥,演练各项任务已完成,请指示。 【总指挥】开始总结评估。 【现场指挥长】是	现场指挥长报告画面
Sc31	【11:22】	专家	观摩台	点评	(解说员)现场演练阶段结束,请专家组组长×××对此次演练做点评	点评画面
Sc32	【11:25】	领导	观摩台	总结	(解说员)请××交通运输厅领导讲话	讲话画面
Sc33	【11:30】	解说员	—	演练结束,邀请合影	(解说员)尊敬的各位领导、观摩嘉宾、各参演单位: ××年××公路交通重大自然灾害应急演练服务到此结束。现在有请各位领导移步集结区域与参演人员合影留念	解说员画面

第七节 ××省公路隧道突发事件抢险保通实战应急演练

一、演练方案

为全面提升××省公路隧道突发事件应急抢险保通能力,检验"一路多方"协调联动机制运转情况,依据××省交通运输厅××年应急演练工作安排,××省公路事业发展中心、××省高速公路运营服务中心、××省公安厅交通管理局、××省高速公路路政执法总队组织开展公路隧道突发事件抢险保通实战应急演练。本次演练由××公路事业发展中心、××高速公路处具体承办,为做好本次演练工作,特制订本方案。

1. 演练目的

(1)检验××省公路交通突发事件处置相关应急预案和技术方案的科学性、适用性和可操作性。

(2)磨合一路多方协调联动机制,理顺工作职责边界,提高应急处置效率。

(3)锻炼公路系统内各级应急队伍实战能力,提升应急工作组间的协同作业和快速应对处置水平。

(4)评估公路交通突发事件应急处置装备、物资储备与调拨情况,发现不足及时予以调整和补充。

2. 演练依据

1)法律法规

《中华人民共和国突发事件应对法》《公路安全保护条例》《交通运输突发事件应急管理规定》。

2)预案、技术方案

《××省公路交通突发事件应急预案》《××省省养公路交通泥石流灾害应急处置操作指南》《××省省养公路桥梁隧道突发事件应急处置操作指南》《××省省养公路水毁突发事件应急处置操作指南》《××省公路交通事故现场安全防护工作指导意见》《省××公路事业发展中心公路突发事件应急预案》《省××公路事业发展中心公路防汛抢险应急预案》《省××公路事业发展中心桥梁隧道突发事件应急预案》《××省××高速公路处突发事件信息上报流程》《××隧道突发事件应急预案》。

3. 组织实施

1)主办单位

本次演练由××省交通运输厅、××省公安厅主办,××省公路事业发展中心(以下简称省公路发展中心)、××省高速公路运营服务中心、××省公安厅交通管理局、××省高速公路路政执法总队、××省××公路事业发展中心(以下简称××公路发展中心)、××省××高速公路处承办,××县人民政府协办。

2)参演单位

××公路应急保障与路网监测中心,××公路发展中心高速公路养护所、××公路段、试验检测室,××高速公路收费所,高速公路××清障救援大队,××省高速公路路政执法总队××大队。

××县应急管理局,××县交通运输局,××县公安局交警大队高速中队,××县自然资源局,××县卫生健康局,××县消防救援大队,××县交通综合执法队。

××通途公路养护工程有限公司,××高速公路服务有限公司。

3)技术支撑单位

本次演练由社会第三方专业机构执行,负责演练的策划和全面技术支撑服务,包括咨询策划、情景构建、演练流程培训、摄像记录、视频传输和会场布置等。

4)演练策划

本次演练由××公路发展中心具体组织,包括实施方案、脚本、观摩手册和评估方案的编写,参演人员培训和参演单位的协调工作。

为确保演练工作顺利实施,××公路发展中心牵头成立应急演练筹备领导小组和工作组。

5)演练实施

演练过程情景的输入、演练节奏控制和引导由导控组承担。导控组由××公路发展中心和第三方技术支撑单位组建;设总导控组长1名、指挥部导控员1名、演练现场导控员6名。导控组按照演练方案和脚本,准确把握导控时间节点,引导演练按照既定方案展开。

6)演练记录

本次演练采用摄像方式进行记录,由技术支撑单位摄录并剪辑为视频资料。

7)演练评估

本次演练设置专家评估组负责演练的评估工作。演练结束后,评估组成员召开演练评估会议,根据演练实施方案和评估方案,对照演练脚本事件进程,分别对指挥调度、应急处置和协调联动等环节开展评估。

8)演练观摩

演练采用现场观摩的方式。现场观摩地点设置在××服务区。

4.演练设计

1)模拟事件

(1)模拟事件一:模拟受连日来强降雨影响,××年9月9日上午9时36分,G7011十天高速公路××隧道下行线隧道出口处突发泥石流和山体滑坡,导致隧道口一辆小汽车被冲至左侧波形护栏被埋,驾驶员被困,紧随其后的一辆小型客车紧急制动,一辆运输货车为躲避急停客车撞上隧道壁,驾乘人员受伤。

××公路发展中心值班人员接到突发事件报告,初判后向应急办公室值班领导报送。依据此次突发事件性质和级别,应急办公室向突发事件应急领导小组提出启动《省××公路事业发展中心公路突发事件应急预案》Ⅲ级应急响应建议。××公路发展中心主任决定启动应急预案Ⅲ级响应,并向省公路发展中心上报本级响应情况。

省公路发展中心主任同意启动响应,第一时间作出指示,要求全力配合地方救援力量开展受困人员营救工作,快速抢通受阻道路,确保公路畅通,并向省交通运输厅上报。

响应启动后,××公路发展中心立即组织××公路应急保障与路网监测中心,××公路发展中心高速公路养护所、××公路发展中心试验检测室应急抢险保通队伍赶赴事发地开展应急抢险保通工作。

省公路事业发展中心领导通知××高速公路处启动应急响应,××清障救援大队迅速出发,并向省高速公路运营服务中心上报。

“一路多方”联勤联动机制启动,××公路发展中心、××高速公路处,地方政府应急管理、自然资源、卫生健康、消防救援,××县公安局交警大队高速中队、××省高速公路路政执法总队××县大队等部门迅速建立信息共享,共同应对此次突发事件。

(2)模拟事件二:模拟××县境内国道某处小型桥梁遭洪水冲击,实心板梁受损,不具备通车条件,短期修复难度大,现场应急指挥部向省公路发展中心领导请示,调用21m机械化战备钢桥打通临时便道,保障车辆正常通行。

省公路发展中心调度21m机械化战备钢桥车前往增援。

2)演练地点

(1)模拟事件一演练地点。

拟定为G7011××高速公路××隧道下行线起止桩号K630+443~K630+935，隧道长度为492m；上行线起止桩号K630+445~K630+917，隧道长度为472m。

(2)模拟事件二演练地点。

待定。

3)演练类型

实战演练。

4)演练时间安排

预计为××年×月×日10:00。

5)演练科目

本次演练共设置两大演练科目，分别为道路抢险保通和事故车辆救援。

6)演练内容

(1)信息接报、初判、报送和发布预警。

××公路发展中心值班人员接到突发事件报告，初判后向应急办公室值班领导报送。中心第一时间与××高速公路处建立联系，依托隧道内监控视频了解现场情况，值班领导核实情况后，按要求上报事件信息。在权限范围内向社会及时发布预警信息，建议车辆绕行或暂缓出行。

××高速公路处通过可变情报板、提示信息屏等多种方式，对过往车辆进行提前预警提示。

(2)会商研判、响应启动。

依据此次突发事件性质和级别，××公路发展中心应急办公室向突发事件应急领导小组提出启动Ⅲ级应急响应建议。突发事件应急领导小组经过会商研判，同意启动Ⅲ级应急响应，向省公路发展中心上报本级响应情况。

(3)指挥部署、力量调度。

中心突发事件应急领导小组依据抢险保通应急处置需求，立即启动预案，成立现场应急指挥部，第一时间调集人员、装备、物资，迅速赶往事发地点。同时按照应急协调机制的要求，通报地方政府及应急管理、自然资源、公安交管、卫生健康、消防救援、路政等部门，并迅速建立信息共享和联勤联动，共同应对此次突发事件。

(4)协调联动、统一指挥。

公路突发事件现场应急指挥部成立，由××公路发展中心领导担任指挥长、××高速公路处领导担任副指挥长。××省高速公路路政执法总队××大队、公安局交警大队高速中队等联勤联动单位救援力量到达现场后，由指挥长统一指挥，共同应对此次公路突发事件。

(5)现场研判、决策部署。

××公路发展中心试验检测室及××县自然资源、路政等部门对滑坡体开展侦察和勘

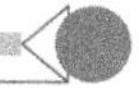

测，对事故车辆造成的隧道损伤做出初步安全评估，确认公路抢通部门、消防救援和清障队伍在进行突发事件处置工作时是否安全，为指挥部救援决策提供科学依据。指挥部依据侦察勘测及初步安全评估情况，快速做出救援工作部署安排。

(6)开辟通道、人员营救。

按照现场指挥部部署，由××公安局交警大队高速中队、××省高速公路路政执法总队××县大队对高速公路实施交通管制，并快速疏散隧道内人员，疏导积压车辆，消防救援部门营救被困人员，医疗单位对受伤人员实施紧急医疗救护和伤员转运。由××公路段、××县交通综合执法队对高速公路分流到国道G567线上的车辆进行劝导引流，保障过往车辆安全通行。

(7)火灾扑救、灾损勘验、车辆清障。

处置过程中，事故货车发动机突然冒出白烟，之后起火。高速公路××清障救援大队协助消防救援部门快速灭火；起火部位扑灭后，确认无复燃可能，交警、路政部门做好安全防护开展勘验、调查、取证；完毕后，由高速公路××清障救援大队将事故车辆拖离。

(8)泥石流清理、隧道修复、架设钢桥。

为尽快恢复高速公路正常通行，××公路发展中心试验检测室配合路政大队对事故车辆造成的隧道损伤做出现场评估。检测室组织有关专家制订泥石流清理及隧道修复加固方案，××公路应急保障与路网监测中心、高速公路养护所快速实施。

××公路事业发展中心队伍负责21m钢桥架设任务(待定)。

(9)信息发布。

××公路应急保障与路网监测中心依托新闻媒体及行业平台向社会发布已采取的措施、效果和后续措施，及时回应社会关切。

(10)响应终止。

经过数小时处置，滑坡体清理完毕，边坡及隧道受损部位完成临时修复加固，经检测，具备通行条件。指挥部依据预案规定，按程序终止响应。交警部门指挥车辆恢复正常通行，同时向省路警指挥中心报告。

5.演练会议流程

(1)主持人介绍参会领导和观摩嘉宾。

(2)中心主任致辞。

(3)与会领导宣布演练开始。

(4)正式演练(依据演练脚本实施)。

(5)演练结束后队伍集结。

(6)与会领导总结讲话。

(7)观摩人员返程，各参演队伍有序撤离演练现场。

6.演练保障

1)人员、物资保障

人员、物资保障情况见表5-15。

人员、物资保障情况 表 5-15

序号	责任部门	物资保障	人数
1	××公路发展中心	①个人防护用品及指挥车2辆。 ②组织中心人员扮演乘客。 ③现场通信设备等其他器材:内部对讲机、车载移动视频、录像设备、照相器材	10
2	××高速公路处	①个人防护用品及指挥车2辆。 ②模拟场景设置所用被掩埋小汽车1辆、小型客车1辆、货车1辆及社会车辆;模拟车辆起火材料。 ③内部对讲机、录像设备、照相器材	8
3	××公路应急保障与路网监测中心	①个人防护用品、内部通信工具。 ②指挥车1辆,通勤车1辆,宿营车1辆,餐车1辆,挖掘机1台,板车1辆	15
4	××通途公路养护工程有限公司	①个人防护用品、内部通信工具、标志标牌、指挥旗、反光背心、应急灯和铁锹等。 ②通勤车1辆,清扫车2辆,挖掘机1台,装载机2台,水车1辆,自卸车2辆,发电机组2台,移动照明灯2台,无人机1架(可视处置需要增减)。 ③场景模拟用土50m^3	20
5	××公路发展中心高速公路养护所	个人防护用品、内部通信工具;指挥车2辆,养护车辆2辆;安全警示锥桶、指挥旗、反光背心、应急灯、铁锹等	20
6	××公路发展中心试验检测室	工作车1辆,相关检测设备	4
7	××公路发展中心××公路段	养护巡查车2辆,警示标志标牌、指挥旗等	8
8	高速公路××清障救援大队	救援车辆2辆及救援工具、灭火器。	8
9	××省高速公路路政执法总队××大队	执法车辆2辆	8
10	××县应急管理局	应急指挥车1辆	2
11	××县交通运输局	工作车1辆	2
12	××县公安局交警大队高速中队	警戒装备(安全警示锥桶),4个戒严区(隧道上、下行,改道口),执法车2辆	8
13	××县卫生健康局	救护车辆2辆及急救装备	8
14	××县自然资源局	工作车1辆,监测装备	2
15	××县消防救援大队	消防救援车辆2辆	8
16	××县交通综合执法队	执法车辆2辆	4
17	××安全谷	观摩台1座、LED大屏幕(4×8);音视频传输设备、对讲机等	20

参演人员135人，主席台20人，第三方20人，共计175人。

××公路事业发展中心队伍完成21m机械化钢桥架设展示任务。

2）场地保障

××高速公路服务有限公司提供演练观摩场地保障，按照演练保障要求实施服务区运营调整、交通分流场地布置及安全管理工作，协助完成场地区域划分和相关后勤保障工作。

3）安全保障

在演练准备阶段，组织参演人员进行安全教育宣传和培训，对演练过程中可能出现的危险因素做出说明。演练现场由高速公路养护所配备安全员6名（背后印“安全员”标识），参演人员在演练过程中发现可能的危险因素时，及时向安全员报告，安全员现场评估后向指挥人员汇报，由现场应急指挥部决定应对措施。

当发生较为严重的安全事件时，现场安全员有权立即紧急终止演练，并协助综合保障组做好伤员转运与就医。

7. 工作计划

演练工作时间、阶段进度安排如下。

（1）×月×日—×月×日演练筹备阶段，包含的任务有：演练方案和脚本的编写、征求意见与审核，演练规划及会场布置等相关图表设计。

（2）演练准备阶段，包含的任务有：

①×月×日上午组织参演单位召开第一次协调会议，讲解演练方案和流程设置，分配演练任务，强调注意事项。

②×月×日—×日采集各参演单位前期响应视频素材；各参演单位准备演练物资、装备，主要任务单位组织开展分项演练；确定邀请观摩的领导和嘉宾，完成与会人员统计，制订演练活动接待方案。

③×月×日9:00—12:00召开演练前的动员会议，检查最后的准备情况，讲解演练流程（脚本讲解）；参演单位大型机械设备和模拟场景所需物资材料入场准备；完成观摩会场搭建布置和传输设备调试工作。

（3）演练实施阶段，包含的任务有：

①×月×日9:00—17:00现场预演。

②×月×日10:00正式演练。

8. 工作要求

（1）加强组织领导。各单位要高度重视，把做好此次演练工作作为一项重要任务，树牢底线思维，指定专人负责，明确责任分工，组织精干力量，抓好落实。

（2）强化责任担当。各参演单位要加强协调联动、相互配合、积极沟通、认真准备，高要求、高质量完成演练任务，确保演练工作圆满成功，取得实效。

（3）树立安全意识。各单位参演人员要严格遵守演练现场规则，服从安排，听从指挥，确保演练过程人员安全、设备安全，不得使参演人员承受不必要的风险。

二、演练脚本

演练脚本见表5-16。

演练脚本 表5-16

进程时间	实施科目（地点）	执行人员动作及任务	大屏显示画面	字幕配音/对白/解说词
Sc00	演练准备（观摩会场）	全体工作人员及参演人员，解说员介绍观摩注意事项	“××年××省公路隧道突发事件抢险保通实战应急演练”背景	（解说员）尊敬的各位领导、观摩嘉宾： 这里是“××年××省公路隧道突发事件抢险保通实战应急演练”主会场。请大家在演练期间听从工作人员安排，在指定位置就座观摩。 本次演练现场突发事件场景均为模拟场景，请不要随意将相关视频和照片发送至微信、微博、抖音等互联网媒体。如私自转发，影响社会秩序，将依法追究其相关责任。 观摩区域内禁止吸烟，大声喧哗。如有人员身体不适，请及时与现场工作人员联系，感谢您的支持与配合
第一部分：演练介绍 主要介绍演练目的、组织形式、演练方式及演练科目				
Sc01	入场准备（观摩会场）	解说员邀约；工作人员引导观摩人员到指定位置就座	“××年××省公路隧道突发事件抢险保通实战应急演练”电子背景图	（解说员）尊敬的各位领导、观摩嘉宾： “××年××省公路隧道突发事件抢险保通实战应急演练”即将开始，请大家有序就座
Sc02	演练开场（观摩会场）	解说员介绍演练活动基本情况和观摩领导、嘉宾	【现场拍摄】观摩台画面	（解说员）尊敬的各位领导、观摩嘉宾： 为全面提升我省公路隧道突发事件应急抢险保通能力，检验“一路多方”协调联动机制运转情况，保障人民群众生命财产安全和公路交通安全畅通，今天我们在此举行“××年××省公路隧道突发事件抢险保通实战应急演练”。 本次演练由××省交通运输厅、××省公安厅主办，××省公路事业发展中心、××省高速公路运营服务中心、××省公安厅交通管理局、××省高速公路路政执法总队、××公路事业发展中心、××省××高速公路处承办，××县人民政府协办。 应邀现场观摩本次演练的领导有：××市副市长×××，××市交通运输局党组书记、局长×××，××市应急管理局一级调研员×××，××县县委常委、常务副县长×××，××公路事业发展中心党委书记××，××公路事业发展中心主任×××，××公路事业发展中心纪委书记××，××公路事业发展中心副主任××，××公路事业发展中心总工程师××，××公路事业发展中心副主任×××，××高速公路处党总支书记×××。 欢迎各位领导和嘉宾的到来

续上表

进程时间	实施科目(地点)	执行人员动作及任务	大屏显示画面	字幕配音/对白/解说词
第一部分:演练介绍 主要介绍演练目的、组织形式、演练方式及演练科目				
Sc03	演练开场(观摩会场)	解说员邀约	【现场拍摄】观摩台画面	(解说员)下面请××市交通运输局党组书记、局长×××致辞
Sc04	演练开场(观摩会场)	致辞领导	【现场拍摄】致辞领导画面	(致辞稿)
Sc05	演练开场(观摩会场)	解说员介绍演练基本情况	【现场拍摄】现场各参演队伍、参演车辆画面	(解说员)担任本次演练总指挥的是××省公路事业发展中心党委书记×××,授权××省××公路事业发展中心主任×××担任现场指挥长指挥应急处置工作
Sc06	演练开场(观摩会场)	副市长宣布演练开始	【现场拍摄】观摩台画面	(解说员)下面请××市副市长×××宣布演练开始 【×××副市长】我宣布,"××年××省公路隧道突发事件抢险保通实战应急演练"现在开始
Sc07	演练开场(观摩会场)	现场指挥长下达演练开始指令	【现场拍摄】观摩台画面	发布指令: 【×××主任】各单位注意,演练开始,带回演练预备区
Sc08	演练开场(观摩会场)	解说员介绍指挥机构、参演队伍	【现场拍摄】现场指挥长特写、各参演队伍、参演车辆画面	(解说员)本次实战演练以公路自然灾害、隧道突发事件应急抢险保通为主线展开,检验××省公路交通突发事件处置相关应急预案和技术方案的科学性、适用性和可操作性;磨合"一路多方"协调联动机制,理顺工作职责边界,提高应急处置效率;锻炼公路系统内各级应急队伍实战能力,提升应急工作组间的协同作业和快速应对处置水平;评估公路交通突发事件应急处置装备、物资储备与调拨情况,发现不足及时予以调整和补充。 参加本次演练的单位有:××公路应急保障与路网监测中心,××公路发展中心高速公路养护所、××公路发展中心××公路段、××公路发展中心试验检测室,××县高速公路收费所,高速公路××清障救援大队,××省高速公路路政执法总队××县大队。 ××县应急管理局,××县交通运输局,××县公安局交警大队高速中队,××县自然资源局、××县卫生健康局,××县消防救援大队,××县交通综合执法队。 ××通途公路养护工程有限公司,××高速公路服务区管理有限公司。 下面进入演练实施阶段,请大家观摩2021年××省公路隧道突发事件抢险保通实战应急演练

续上表

进程时间	实施科目（地点）	执行人员动作及任务	大屏显示画面	字幕配音/对白/解说词
第二部分：演练实施 本次演练实施部分共分三个阶段：响应启动、抢险救援、响应终止				
第一阶段：响应启动 主要演练山体滑坡掩埋车辆后，突发事故信息收集与报送、会商研判、预警发布、启动响应、应急队伍调动、物资调配等程序				
Sc09	背景引入（隧道）	事件场景模拟	【视频1】模拟情景	（解说员配音）受连日来强降雨影响，××年9月9日上午9时36分，G7011××高速公路××隧道下行线隧道出口处突发泥石流和山体滑坡，导致驶出隧道的一辆小汽车被埋，驾驶员被困；紧随其后的一辆小汽车紧急制动，一辆运输货车为躲避急停小汽车撞上隧道壁，驾乘人员受伤
Sc10	信息上报、会商研判（××公路发展中心）	××公路事业发展中心值班室、应急办公室信息上报，中心领导、科室负责人会商研判	【视频1】××公路发展中心事件接报，与××高速公路处建立联系，会商，指令等画面	（解说员配音）××公路发展中心值班室接到情况报告后，中心公路突发事件应急领导小组第一时间到达路网监测中心，与××高速公路处建立联系，依托隧道附近外场视频了解现场情况，通知××公路段将事件信息向当地政府报告。 随后，中心公路突发事件应急领导小组在多功能会议室组织召开第一次会商会议，研判事件信息和发展趋势
Sc11	响应启动（××公路发展中心、应急队伍驻地）	中心应急办公室提出启动Ⅲ级应急响应建议，领导启动预案，应急办公室（相关科室）展开工作	【视频1】会商研判画面，启动响应画面	（解说员配音）经过对事件信息的进一步核实和发展态势预判，中心应急办公室向突发事件应急领导小组提出启动Ⅲ级应急响应建议，××公路发展中心主任决定启动响应，向省公路发展中心主任上报本级响应情况
Sc12	省公路事业发展中心	省公路发展中心领导视频连线××公路事业发展中心，提出指示要求	【视频1】省公路事业发展中心领导视频连线指示画面	对白： 【×××】事件发生后，我中心立即核实事件信息，召开紧急会议，预判发展趋势，此次隧道突发事件将导致大量车辆积压、人员滞留，抢修抢通时间预计6h以上，已达到Ⅲ级公路交通突发事件，决定启动《省××公路事业发展中心公路突发事件应急预案》Ⅲ级应急响应，请您指示！ 【×××主任】同意启动，迅速集结抢险保通队伍赶赴现场，全力配合地方救援力量开展受困人员营救工作，快速抢通受阻道路，确保公路畅通。 【×××】收到！ （解说员配音）省公路事业发展中心接到事件报告后，中心领导第一时间作出指示，并向省交通运输厅上报

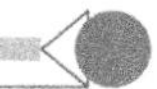

续上表

进程时间	实施科目（地点）	执行人员动作及任务	大屏显示画面	字幕配音/对白/解说词
第一阶段：响应启动 主要演练山体滑坡掩埋车辆后，突发事故信息收集与报送、会商研判、预警发布、启动响应、应急队伍调动、物资调配等程序				
Sc13	应急响应（××公路发展中心）	××公路事业发展中心应急队伍出发	【视频1】响应、出动画面	（解说员配音）响应启动后，调度××公路应急保障与路网监测中心，××公路发展中心高速公路养护所、××公路发展中心试验检测室应急抢险保通队伍赶赴现场开展应急抢险保通工作
Sc14	协同响应（××高速公路处、××县高速收费所、高速公路××县清障救援大队）	××高速公路处启动响应，应急人员出发	【视频1】响应、出动画面	（解说员配音）与此同时，“一路多方”联勤联动机制启动。 ××高速公路处启动《××隧道突发事件应急预案》Ⅲ级响应，并向省高速公路运营服务中心上报。 ××县高速公路收费所通过可变情报板、提示信息屏等多种方式，对过往车辆进行提前预警提示，时刻监测十天高速公路车辆通行情况。 高速公路××清障救援大队集结人员和装备赶赴事发现场
Sc15	协同响应（××县公安局交警大队高速中队）	公安局交警大队高速中队接报，并出动警力	【视频1】响应、出动画面	（解说员配音）××县公安局交警大队高速中队接到报告后，迅速响应，根据××隧道位置特点，制订交通管制方案，派出警力赶赴现场，并向上级单位领导报告
Sc16	协同响应（××省高速公路路政执法总队××县大队）	××省高速公路路政执法总队××县大队接报，执法人员出动	【视频1】响应、出动画面	（解说员配音）××省高速公路路政执法总队××县大队值班人员接报后，向大队值班领导报告，值班领导立即安排执法人员赶赴现场
Sc17	协同响应（××公路段）	××公路段接到指令，向××县人民政府、应急管理局报告相关情况	【视频1】出动、上报画面	（解说员配音）××公路段接到任务指令后，立即向××县人民政府、应急管理局报告相关情况，请求支援
Sc18	县级响应（××县）	××县相关单位响应出动	【视频1】××县队伍出动画面	（解说员配音）××县政府接到事件报告后启动应急响应，应急管理、交通运输、自然资源、消防救援、卫生健康等单位救援力量迅速前往支援

续上表

进程时间	实施科目（地点）	执行人员动作及任务	大屏显示画面	字幕配音/对白/解说词
第二阶段：抢险阶段 主要演练协调联动、统一指挥；现场研判、决策部署；开辟通道、人员营救；火灾扑救、灾损勘验、车辆清障；泥石流清理、隧道修复、架设钢桥				
Sc19	交通管制（××隧道上下行交通管制点）	××县公安局交警大队高速中队、××省高速公路路政执法总队成县大队交通管制	【现场实拍】交通管制与分流画面现场画面	（解说员）××县公安局交警大队高速中队、××省高速公路路政执法总队××县大队按照先期救援工作部署安排，立即对隧道上下行线路实施交通疏导和管制
Sc20	交通管制（××、××收费站交通疏导点）	××公路段、××县交通综合执法队交通疏导	播放【视频2】××收费站交通疏导画面（切）××收费站交通疏导画面	（解说员）同时，交通管制还采取远端分流措施，由××公路段、××县交通综合执法队、××收费站、××收费站对高速公路分流到国道××线上的绕行车辆进行劝导引流，保障安全通行
Sc21	成立现场应急指挥部	指挥部成员研判现场情况	【现场实拍】现场指挥部画面	（解说员）现场应急指挥部成立，由××公路事业发展中心主任担任现场指挥长，指挥此次突发事件应对处置工作
Sc22	人员疏散（隧道）	高速交警、路政执法人员转移乘客、驾驶员	【现场实拍】人员疏散转移画面	（解说员）××隧道上下行道路已实施交通管制。高速交警、路政执法人员到达现场后，正在维护隧道内社会车辆秩序，引导乘客、驾驶员向安全位置转移
Sc23	人员营救（货车事故点）	消防救援大队、急救人员营救受伤人员	【现场实拍】	（解说员）××县消防救援大队、急救人员到达现场。消防员首先对受伤的货车驾驶员实施营救。因车辆在隧道内行驶速度较慢，碰撞仅导致车门变形无法从内部自行打开。消防员使用破拆工具合力将车门打开，救出受伤货车驾驶员。 急救人员迅速对受伤人员进行检查和止血包扎
Sc24	指挥部署（现场应急指挥部）	×××主任下达指令	【现场实拍】下达指令特写画面	（解说员）此时，××县自然资源局已设置滑坡体监测点，确定滑坡体已处于稳定状态。因轿车被泥石流、滑坡体土方掩埋，需大型机械辅助清理，现场指挥长立即做出部署安排。 对白：（对讲机） 【×××主任】××公路应急保障与路网监测中心应急抢

续上表

进程时间	实施科目（地点）	执行人员动作及任务	大屏显示画面	字幕配音/对白/解说词
第二阶段：抢险阶段 主要演练协调联动、统一指挥；现场研判、决策部署；开辟通道、人员营救；火灾扑救、灾损勘验、车辆清障；泥石流清理、隧道修复、架设钢桥				
Sc24	指挥部署（现场应急指挥部）	×××主任下达指令	【现场实拍】下达指令特写画面	险保通队，立即划分安全作业区，清理土方，开辟应急通道，协助消防营救被困人员。 【××公路应急保障与路网监测中心×××】××公路应急保障与路网监测中心，收到
Sc25	安全作业区设置（隧道下行线）	××公路应急保障与路网监测中心应急队伍设置安全作业区	【现场实拍】安全作业区设置、指挥机械清理土方画面	（解说员）接到指令后，××公路应急保障与路网监测中心应急抢险保通队伍快速划分安全作业区，指挥装载机、自卸车清理被埋车辆附近土方，开辟应急救援通道
Sc26	人员营救（小汽车掩埋点）	消防员营救小汽车驾驶员	【现场实拍】营救小汽车驾驶员画面	（解说员）经过清理，现场具备营救条件，消防员立即上前营救被困小汽车驾驶员
Sc27	开辟救援通道	××公路应急保障与路网监测中心机械、车辆清理土方	【现场实拍】清理土方画面	（解说员）此刻，××公路应急保障与路网监测中心、高速公路养护所机械、车辆正在清理土方，加紧速度开辟一条应急救援通道
Sc28	伤员转运（隧道口）	消防救援大队、急救人员营救受伤人员并转运	【现场实拍】人员营救、转运画面	（解说员）驾驶员被成功救出，因长时间被困，已处于昏迷状态，呼吸微弱，在场的医疗救护人员立即给予驾驶员氧气支持。 抢险保通队伍已经成功开辟出一条应急救援通道。 经过现场急救，两名受伤驾驶员将由救护车转往医院接受进一步治疗
Sc29	滞留车辆通行	交警、路政指挥车辆通行	【现场实拍】滞留车辆通行画面	（解说员）两名被困驾驶员已成功营救，应急救援通道具备临时通行条件，交警、路政指挥小型客车、隧道内滞留社会车辆通行。 ××公路应急保障与路网监测中心应急抢险保通队继续清理路面滑坡体土方
Sc30	火灾扑救（货车事故点）	消防、清障大队灭火作业	【现场拍摄】灭火画面	（解说员）突然，事故货车冒起大量白烟，而后起火，烟雾快速弥漫隧道。在场消防员迅速投入灭火战斗中。 由于扑救及时，火情得到有效控制，明火成功扑灭，消防员上前确认，无复燃可能

续上表

进程时间	实施科目（地点）	执行人员动作及任务	大屏显示画面	字幕配音/对白/解说词
第二阶段：抢险阶段 主要演练协调联动、统一指挥；现场研判、决策部署；开辟通道、人员营救；火灾扑救、灾损勘验、车辆清障；泥石流清理、隧道修复、架设钢桥				
Sc31	指挥部署（现场指挥部）	现场指挥长工作部署	【现场拍摄】事件现场画面	（解说员）现场指挥长就下一步工作作出部署安排。由××县公安局交警大队高速中队开展现场勘查、调查取证工作；高速公路路政执法总队××县大队评估路产损伤情况，××公路事业发展中心试验检测室协助配合完成。高速公路××清障救援大队做好事故车辆拖离工作
Sc32	灾损、事故勘验	交警、路政灾损、事故勘验	【现场拍摄】现场工作画面	（解说员）接到任务后，××县公安局交警大队高速中队、××省高速公路路政执法总队××大队立即采取拍照、摄像、测量等方式，勘查隧道内事故现场形态，采集事故现场数据
Sc33	车辆清障	××清障救援大队拖离事故车辆	【现场拍摄】现场工作画面	（解说员）现场勘验、取证完毕，高速公路××清障救援大队将对事故车辆实施拖离
Sc34	灾损、事故勘验	试验检测室、路政灾损、事故勘验	【现场拍摄】现场工作画面	（解说员）事故车辆成功拖离，接下来，××公路事业发展中心试验检测室配合路政执法大队对事故车辆造成的灾害损伤作出现场评估
Sc35	泥石流清理	车辆、机械清理路面泥石流、冲洗路面	【现场拍摄】现场工作画面	（解说员）经过对现场灾损情况评估，滑坡泥石流导致下行线波形护栏受损变形，事故车辆未造成隧道损伤。 ××公路事业发展中心高速公路养护所抢险保通队伍将利用挖掘机、自卸车清运滑坡体土方，对受损边坡进行修整，然后调用水车对路面进行清洗，尽快恢复道路正常通行条件
Sc36	后勤保障（观摩现场保障车辆停放区）	后勤保障车辆展示	【现场拍摄】保障车辆画面	（解说员）为做好抢险保通人员后勤保障工作，××公路应急保障与路网监测中心出动宿营车、餐车等车辆保障人员轮岗休息和用餐
第三阶段：响应终止 主要演练响应终止条件、程序及工作内容				
Sc37	队伍撤离（隧道出口）	高速公路养护所×××汇报	【现场拍摄】汇报画面	（解说员）经过紧张有序的处置，高速公路养护所抢险保通队向现场指挥长报告道路抢通情况，现场指挥长下达撤离指令。 对白：（对讲机） 【高速公路养护所×××】报告指挥长，路面泥石流、滑坡体土方清理完毕，具备通行条件。 【×××主任】集结队伍、整理装备、有序撤离现场。 【高速公路养护所×××】收到

续上表

进程时间	实施科目（地点）	执行人员动作及任务	大屏显示画面	字幕配音/对白/解说词
第三阶段：响应终止 主要演练响应终止条件、程序及工作内容				
Sc38	响应终止	解除交通管制，道路恢复通行	【现场拍摄】车辆恢复通行画面	（解说员）现场应急指挥部决定终止响应，并形成后续处理意见，向省公路事业发展中心报送。报请后，省公路事业发展中心同意终止《省××公路事业发展中心公路突发事件应急预案》Ⅲ级应急响应
Sc39	响应终止	解除交通管制，车辆恢复通行	【现场拍摄】解除交通管制，社会车辆通行画面	（解说员）响应终止后，"一路多方"联勤联动单位按照各自程序规定，解除交通管制，恢复车辆正常通行，同时向省路警指挥中心报告
Sc40	信息发布	××公路应急保障与路网监测中心、××县高速公路收费发布通行信息	【视频3】××公路应急保障与路网监测中心、××县高速公路收费发布信息画面	（解说员配音）××公路应急保障与路网监测中心、××县高速公路收费所依托新闻媒体及行业平台向社会发布已采取的措施、效果和后续措施，提示过往车辆注意行车安全
Sc41	队伍集结	现场指挥长下达队伍集结指令	【现场拍摄】队伍集结画面	（解说员）目前现场应急抢险保通工作基本结束，现场指挥长下达集结指令。 发布指令： 【现场指挥长】各单位注意，列队集结
第三部分：演练总结点评				
Sc42	无	解说员邀约	【现场拍摄】观摩现场	（解说员）各位领导、同志们，本次演练活动各项科目已全部完成。下面有请××省××公路事业发展中心主任总结讲话
Sc43	总结讲话	领导总结讲话	【现场拍摄】领导总结讲话特写	（领导讲话稿）
Sc44	结束语	解说员结束语	【现场拍摄】解说员特写、观摩台画面	（解说员）（主持词结束语）
Sc45	演练议程结束		背景音乐播放，演练直播照片播放	（解说员）尊敬的各位领导、观摩嘉宾、各参演单位，××年××省公路隧道突发事件抢险保通实战应急演练已圆满完成各项既定内容。请观摩人员在工作人员引导下有序离场，返程注意行车安全。谢谢大家！再见